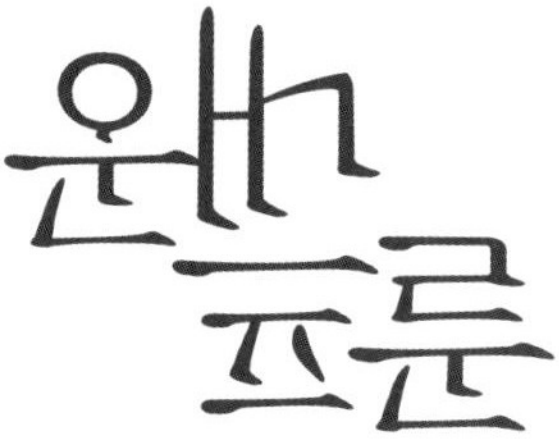

골프 내공

김 헌 지음

골프가 짐이 되어버린 사람들을 위한
26가지 이야기

다산라이프

들어가는 말

세상 그 누구도
일상의 삶이 마냥 편한 사람은 없습니다.
언제나 크고 작은 사건과 사고 사이를 가로질러 질주합니다.
마음의 평온과 몸의 안락은 어쩌면
지극히 예외적인 한순간일 뿐입니다.

골프도 그렇습니다.
세상 그 누구의 골프도 쉽지 않습니다.

그렇게 보면 골퍼들에게 진정 필요한 것은
레슨이 아니라 위로일 것이고,
장황한 설명이 아니라 '올바른 관점의 공유가 아닐까?' 하고
오래도록 생각해왔습니다.

그리 보면 골프를 이야기하는 형식이
가까이 두고 틈틈이 음미할 수 있는
우화나 시라면 더 좋을 것도 같은데

아무리 찾아도 그런 책이 없었습니다.

용기를 내어 젊은 일러스트레이터 두 사람과 함께
새로운 형식의 골프 이야기를 시도합니다.
순수한 창작물도 있고 동서고금의 좋은 글을
골프 이야기로 변형한 작품도 있습니다.
많이 부족하지만 이런 작업이 계기가 되어
골프가 싱글 핸디캐퍼나 프로의 전유물이 아니라
각자 업으로 삼고 있는 분야에서
활약 중인 분들과 함께
더 넓은 지평으로 나아가기를 기대해봅니다.

골프가 힘든 세상살이에 위안이 되는,
그런 '짓'이 되었으면 좋겠습니다.

2010년 3월, 마음골프학교에서

차례

1장

골프가 짐이 되어버린 사람들을 위하여

2장

읽기만 해도 스코어가 쑥쑥

1장

골프가 짐이 되어버린 사람들을 위하여

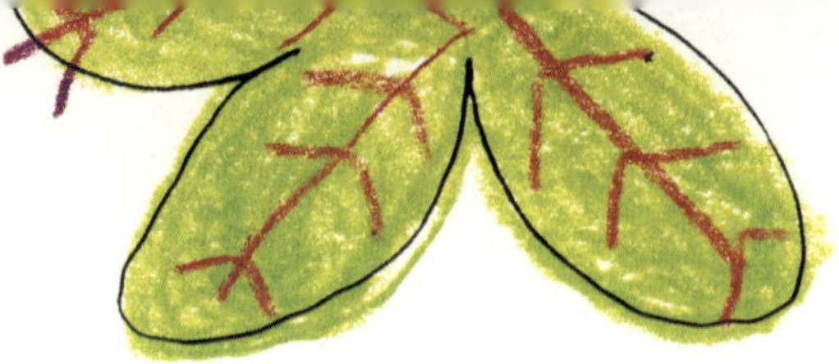

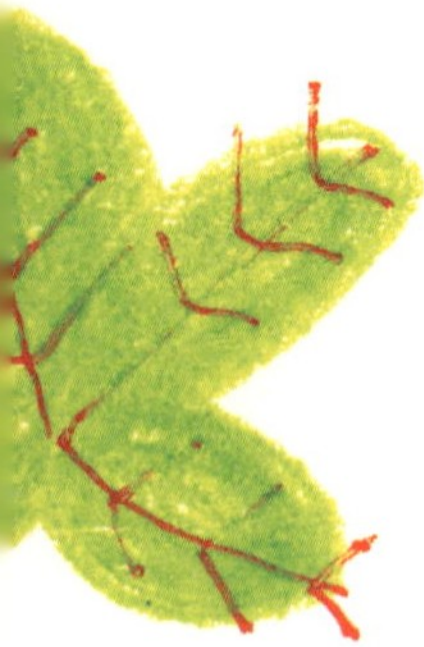

신선도
안 되는 일

옛날 옛날에 한 사내가 영험하기로 유명한 산에 들어가
오래도록 기도를 드렸습니다.
산신령은 그런 사람이 한둘이 아니었기에
처음에는 저러다 가겠지 싶어 무시하고 지나쳤는데
몇 날 며칠을 하도 간곡히 기도하기에
더는 모른 체 할 수가 없어
그 앞에 모습을 드러냈습니다.

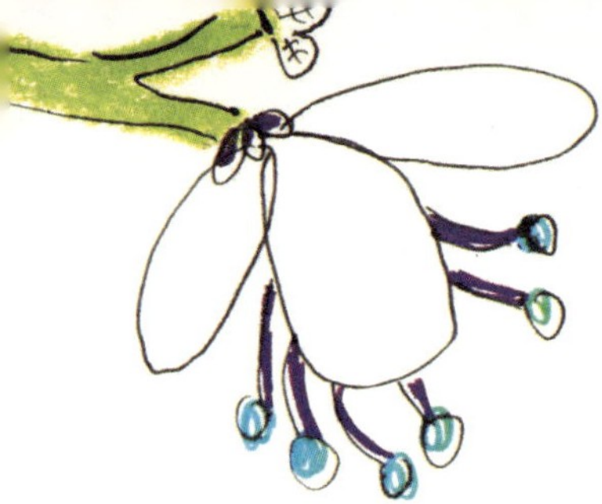

"도대체 바라는 것이 무엇이기에

그토록 열심히 기도를 하느냐?"

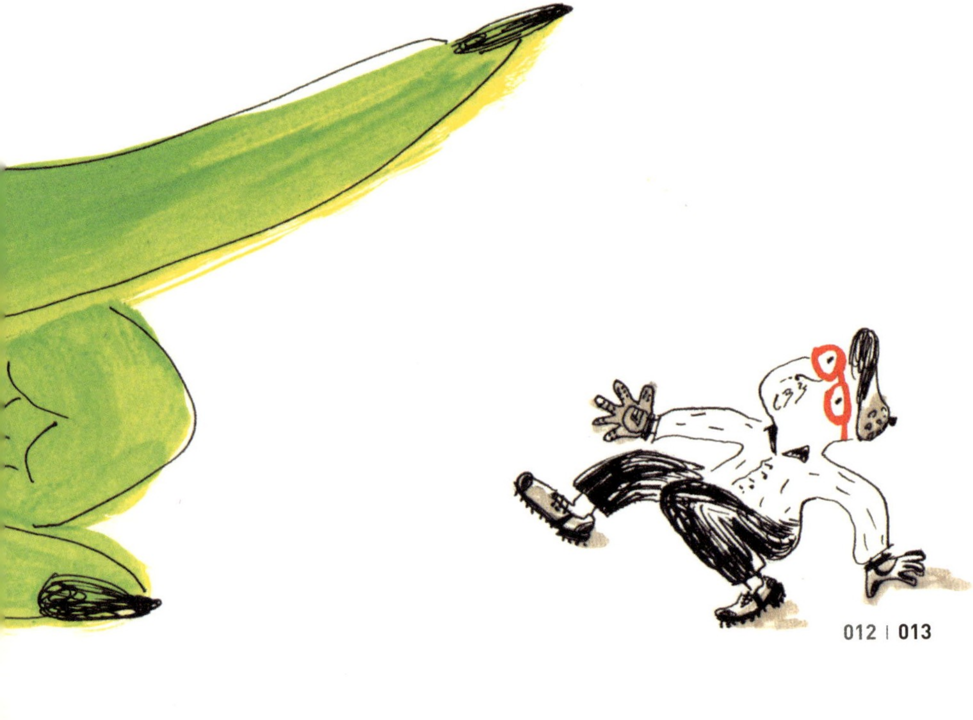

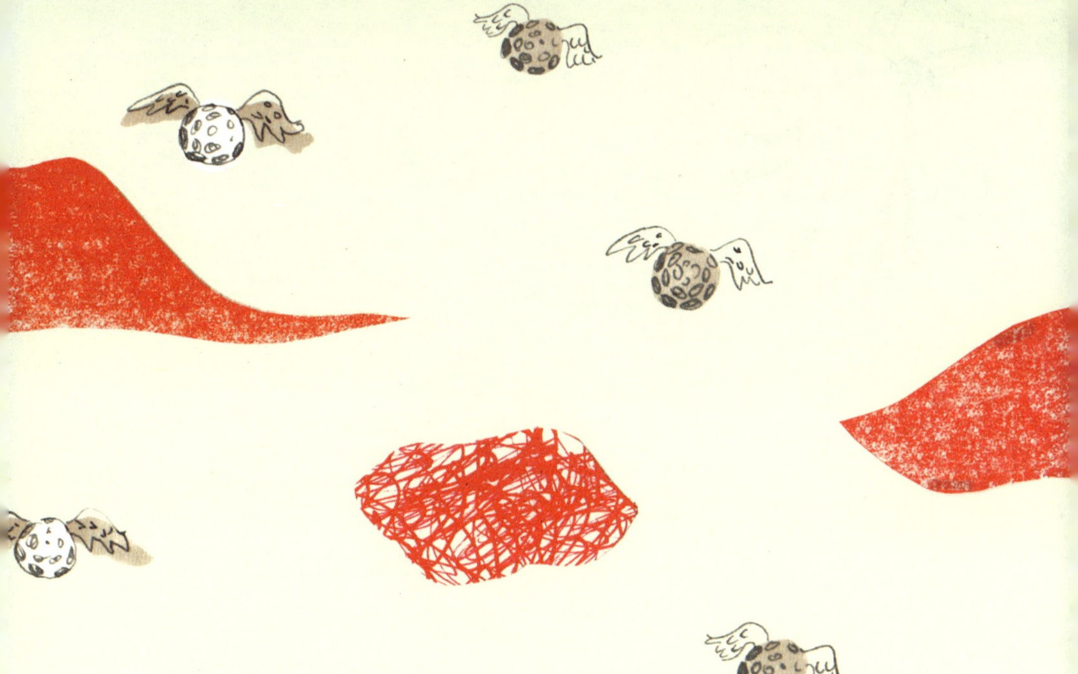

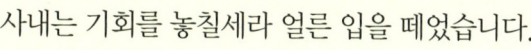

사내는 기회를 놓칠세라 얼른 입을 떼었습니다.

“평생 아무 걱정 없이 천하를 돌며
멋지게 골프나 치며 살고 싶습니다.”

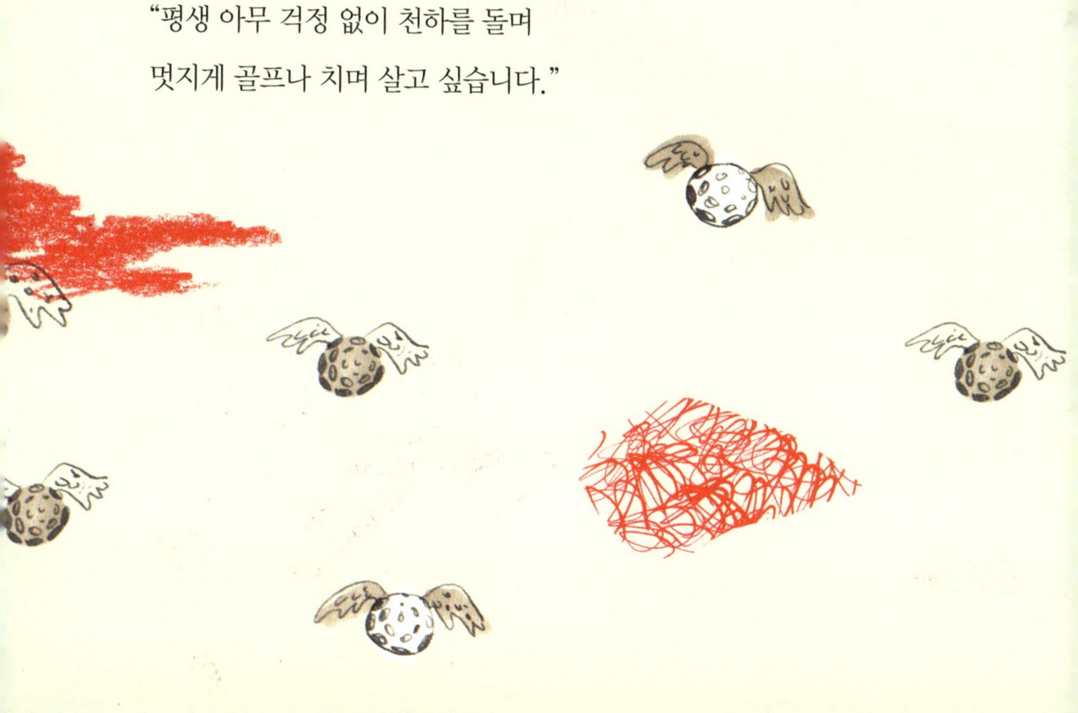

그러자 산신령 왈,

“관둬라. 그건 나도 안 되는 일이다.
억조창생 가운데 아무 일도 하지 않고 아무런 걱정 없이
그처럼 유유자적 살아갈 수 있는 존재는 없느니라.
게다가 골프라니…….
나도 아직 슬라이스가 고쳐지지 않아서 답답하다.”

“네?”

“바쁘니 난 이만 가야겠다.
다시는 그런 터무니없는 이유로 나를 부르지 말거라.”

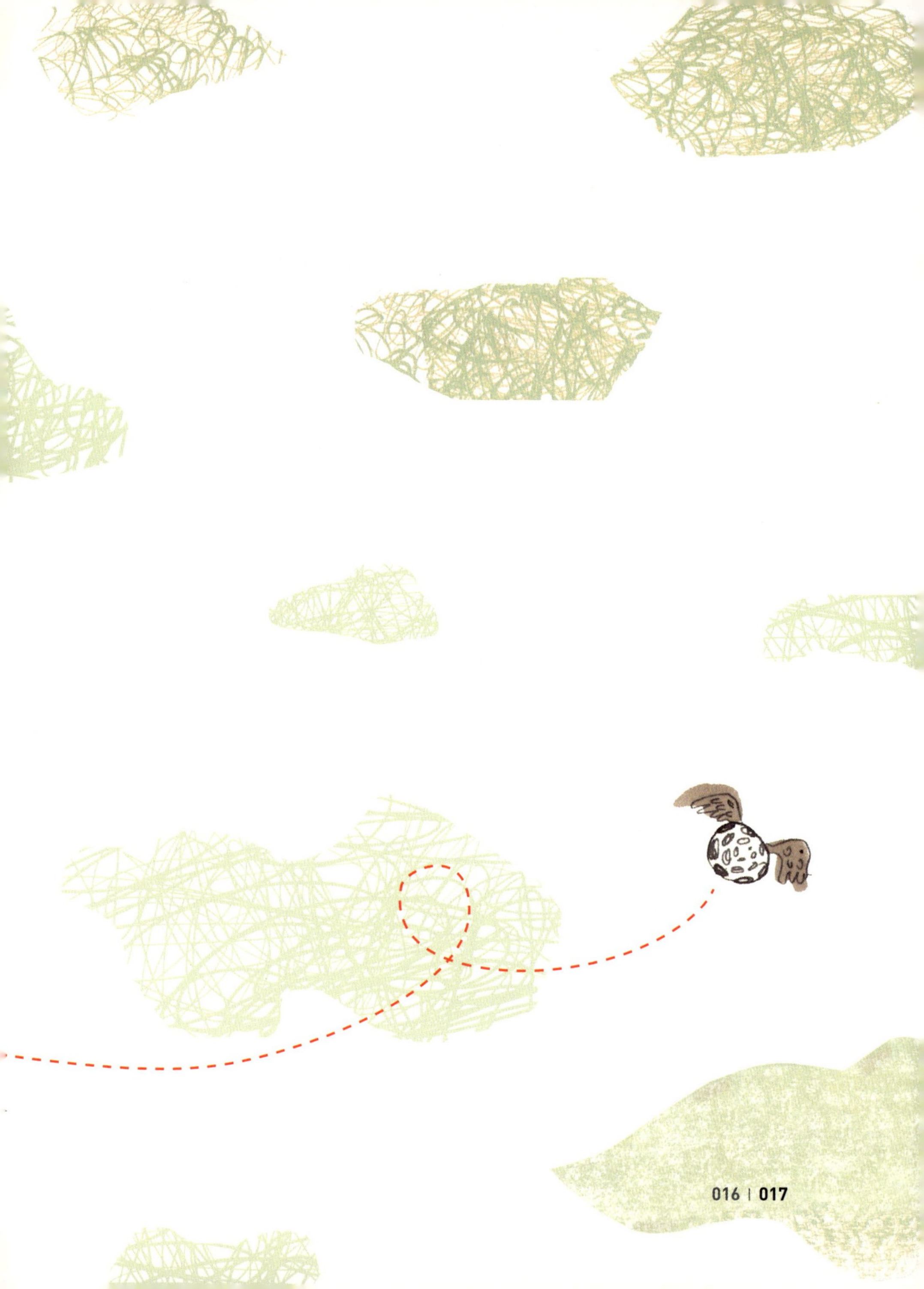

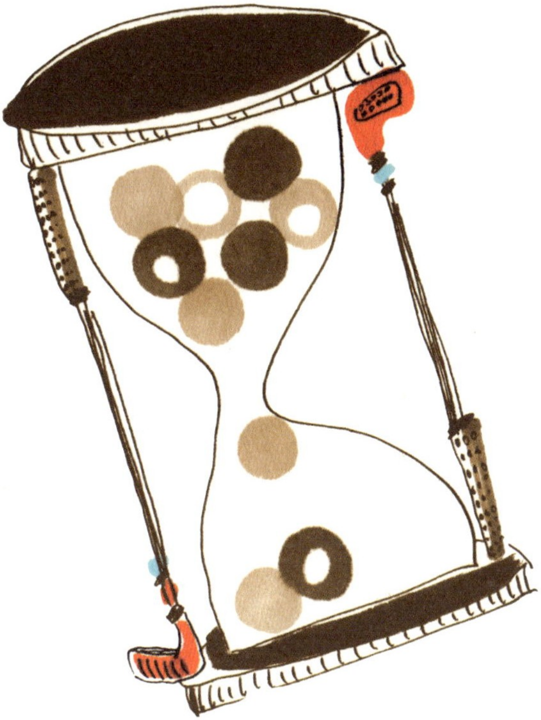

아마, 십 년

한 사내가 골프가 너무도 어렵고 힘들어서
깊은 산속에 산다는 전설적인 골프 도사를 찾아 나섰습니다.
그리고 천신만고 끝에 드디어 그 도사를 만났습니다.

"제가 도사님 밑에서 열심히 배우면 언제쯤
골프 클럽을 능숙하게 다루는 경지에 이를 수 있겠습니까?"

아래위로 훑어보고는 한참 뜸을 들이던 골프도사 왈,

"아마 십 년쯤 걸리겠지."

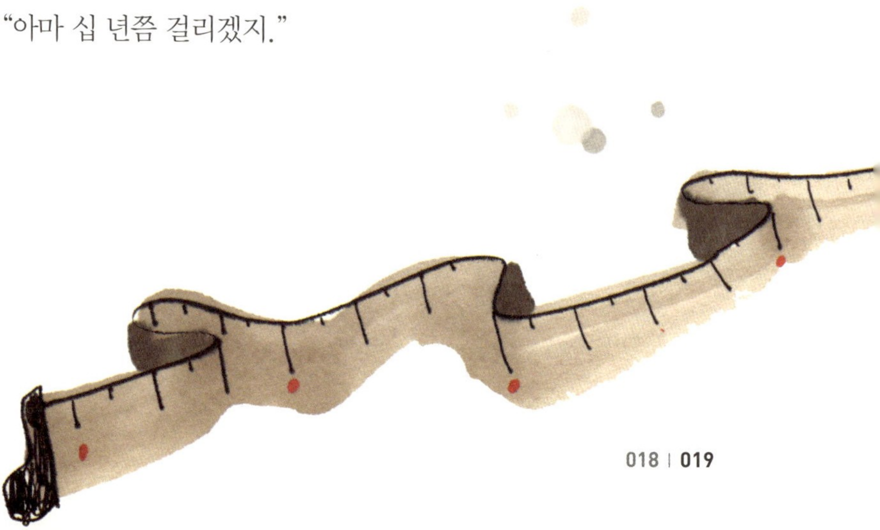

"너무나 긴 시간입니다.
제가 정말 열심히 연습하면
얼마나 시간을 단축할 수 있겠습니까?"

도사는 귀찮다는 듯 답했습니다.

"그럼, 이십 년은 족히 걸릴 걸세."

사내는 깜짝 놀라 다시 물었습니다.

"처음에는 십 년이라 하지 않으셨습니까?
그런데 더 열심히 연습하면 이십 년이 걸린다니요?
정말 죽기를 각오하고 골프에만 매달려보겠습니다.
그럼 얼마나 걸리겠습니까?"

"그럼 삼십 년이 걸릴 걸세."

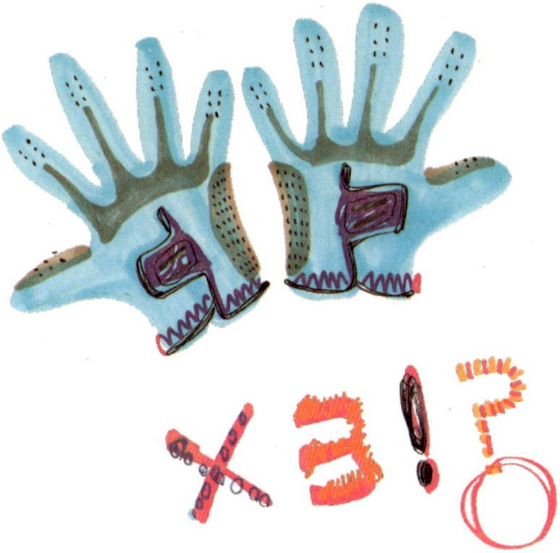

"아니, 그게 무슨 해괴망측한 말씀이십니까?"

"자네처럼 결과에 조바심을 내면 배우는 데
더 많은 시간이 걸리는 법일세."

"도사님, 그럼 제가 어떻게 해야 하나요?"

"골프도 인생이야. 기본기를 습득하지 않으면 비결이란 없네.
올바른 원칙을 꾸준히 반복적으로 훈련하다보면
자연스런 동작으로 승화되는 법일세."

사내는 하산하여 도사의 말씀을 받들어
몇 년간 기본기에 집중했고,
마침내 근방에서 알아주는 골퍼가 되었습니다.

골프와 소금

스승과 제자가 함께 골프를 치러 나갔습니다.
제자는 샷이 마음먹은 대로 되지 않자
온갖 핑계를 대기 시작했습니다.

“잔디 상태가 좋지 않은 것 같습니다.”

“이 골프장, 거리 표시가 엉망이네요.”

“오늘 바람이 유독 심한 것 같지 않으세요?”

제자의 불평을 묵묵히 듣던 스승은
5번 홀을 지나 그늘집에 이르자,
삶은 계란 찍어 먹으라고 놓아둔 소금을
물 컵에 한 줌 털어 넣고는 휘휘 저어
제자에게 마셔보라고 했습니다.

마지못해 한 모금 마신 제자는
얼굴을 찡그리며 물었습니다.

“이리도 짠 물을 도대체 왜 마시라고 하십니까?”

스승은 제자의 질문에 아랑곳하지 않고
워터해저드로 제자를 데리고 갔습니다.
그러고는 워터해저드에 소금을 한 줌 뿌리더니
그 물을 컵에 담아 제자에게 마셔보라고 했습니다.
영문이 궁금했던 제자는 냉큼 마시고 대답했습니다.

“아무 맛도 없습니다.”

그러자 스승은 비로소 말했습니다.

"인생의 고통은 그 소금과 같고,
골프를 하다 마주치는 갖가지 장애도 그러하느니라.
네가 작은 컵과 같다면
소금이 쓰듯 인생도 골프도 고통스럽게 마련이고,
네가 워터해저드와 같다면
이런저런 어려움에 개의치 않게 될 것이다."

스승의 이야기에 깨달음을 얻은 제자는 스스로의 그릇을 키우고
또 키워 마침내 세계적으로 명성을 날리는 선수가 되었습니다.

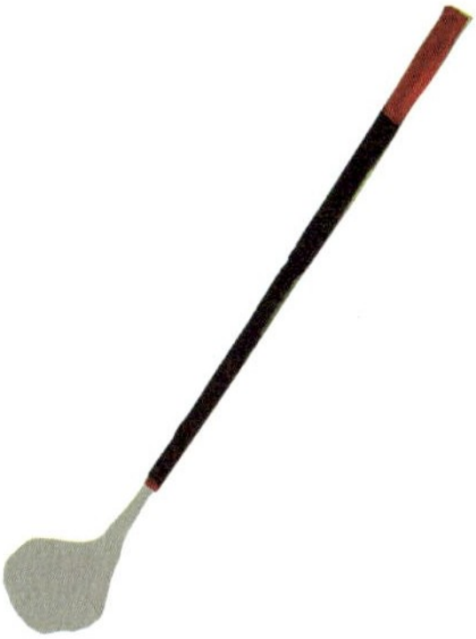

신비의
드라이버

한 나라의 대신이 왕을 모시고
이웃 나라 사절들과 함께 골프를 치던 중
무례를 범해 외교적으로 큰 문제가 생겼습니다.
이에 진노한 왕은 노발대발하며
당장 대신을 처형하라고 명했습니다.
그러자 대신은 묘안이 떠오른 듯 말했습니다.

"대왕 마마, 정말 송구스럽습니다.
저의 실수로 나라에 큰 누를 끼치게 되었습니다.
하지만 그동안 나라를 위해 애써온 공을 헤아려
한 번만 기회를 주시기를 간청하옵나이다.
단 1년의 시간만 주시면 대왕 마마께 공을
살짝 건드리기만 해도 300야드를 훌쩍 넘기는
신비의 드라이버를 만들어드리겠습니다."

드라이버 샷 비거리가 짧아 골프에 한이 맺혔던 왕은
속는 셈 치고 대신의 제안을 받아들였습니다.

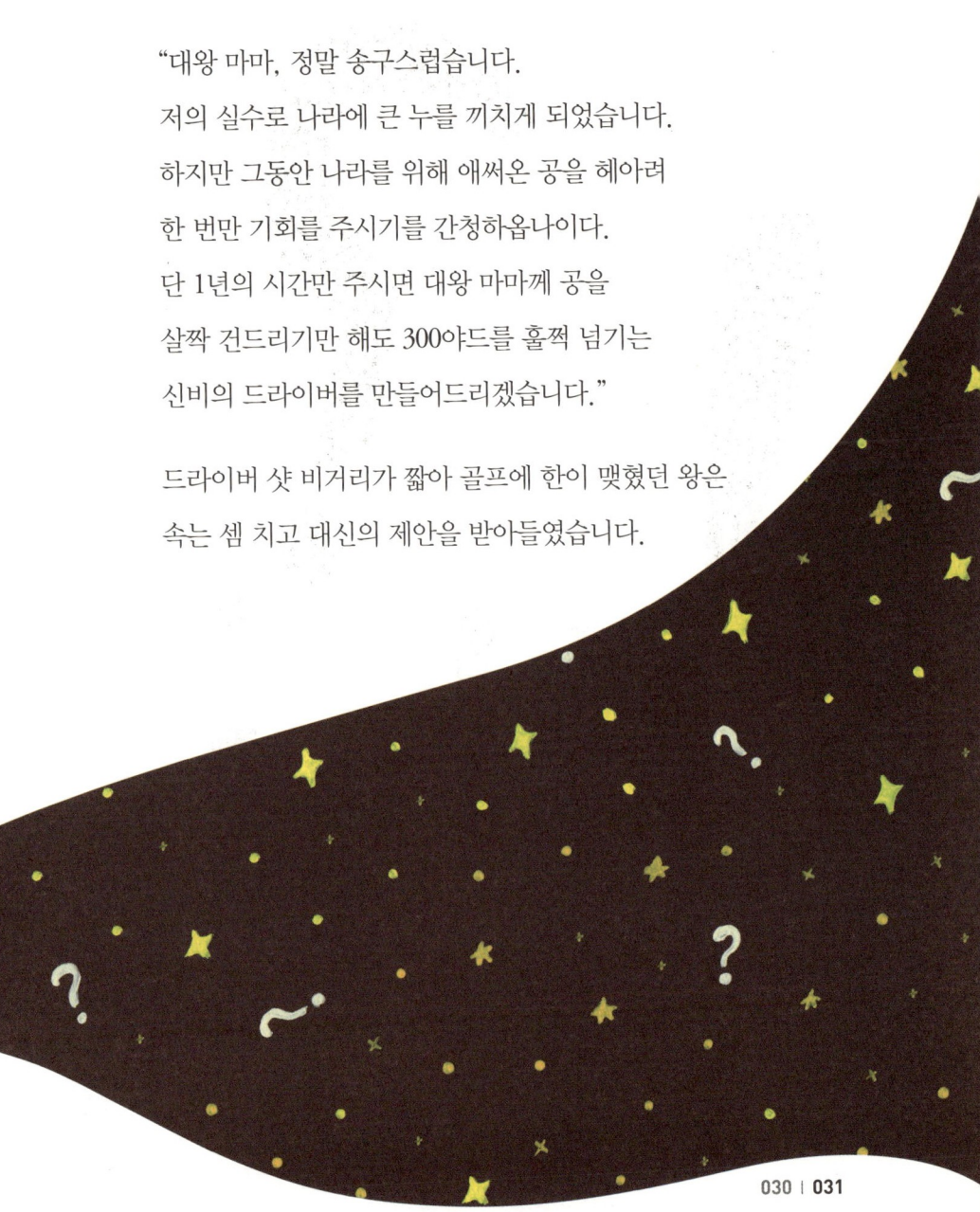

소식을 전해들은 대신의 친구들은
걱정이 되어 물었습니다.

"자네, 그게 진정 가능한 이야기인가?"

"글쎄, 어쨌거나 적어도 1년은 더 살게 되었으니
좋은 일 아닌가? 불경스러운 말이지만,
혹시라도 왕이 그 전에 돌아가시거나 하면
더 살 수 있을지도 모를 일이고 말이야.
또 누가 알겠나, 내가 정말 신비의 드라이버를 만들지."

그렇게 1년이 지났습니다.
그 사이 왕이 죽지도, 신비의 드라이버가 탄생하지도
않았지만 대신은 결국 살아남았습니다.
비거리가 불만이었던 왕은 드라이버 샷 연습에 몰두한 끝에
신비의 드라이버가 아니어도 300미터를 거뜬히 넘기는
실력을 갖게 되었던 것입니다.
그렇게 대담하고 여유로운 품성을 지녔던 대신은
훗날 만방에 이름을 떨치는 골퍼가 되어
다시금 왕의 신임을 얻었다고 합니다.

잃어버린 드라이버

어느 고을에 바보가 하나 살았습니다.

한번은 그 바보가 골프장을 누비며 큰 소리로 외쳤습니다.

"드라이버를 잃어버렸어요! 찾아주시기만 하면
그 드라이버를 그냥 드릴 테니 꼭 좀 찾아주세요, 제발!"

사람들은 비웃었습니다.

"아이고, 저 바보! 그게 무슨 어리석은 소리냐.
저러니 바보 소리를 듣지."

보다 못한 이웃집 아저씨가 바보를 불러 이야기했습니다.

"이 딱한 것아, 다른 사람에게 그냥 줄 거면
뭣 하러 그리도 열심히 드라이버를 찾느냐?
이제 그만두고 집에 돌아가거라."

그러자 바보가 말했습니다.

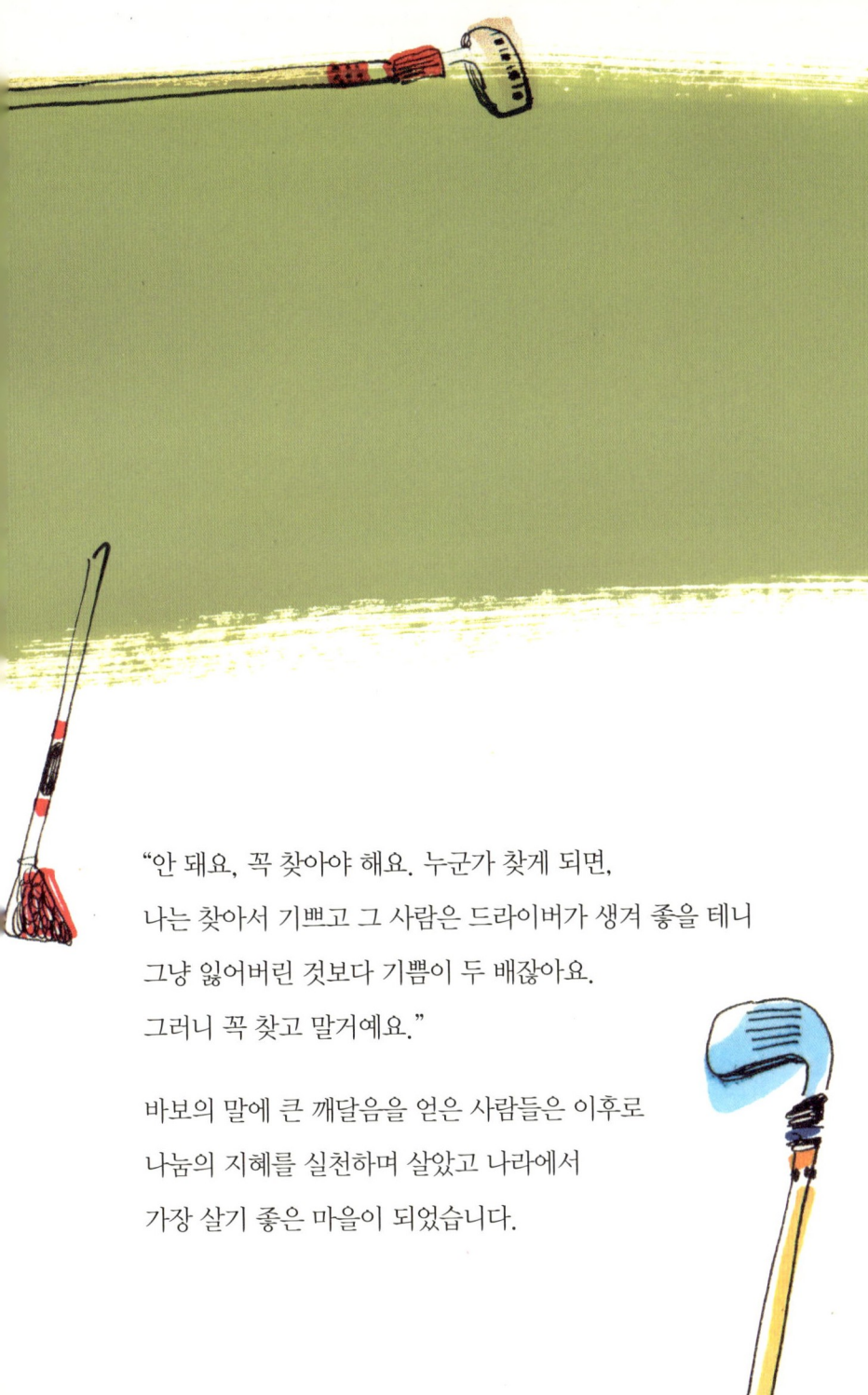

"안 돼요, 꼭 찾아야 해요. 누군가 찾게 되면,
나는 찾아서 기쁘고 그 사람은 드라이버가 생겨 좋을 테니
그냥 잃어버린 것보다 기쁨이 두 배잖아요.
그러니 꼭 찾고 말거예요."

바보의 말에 큰 깨달음을 얻은 사람들은 이후로
나눔의 지혜를 실천하며 살았고 나라에서
가장 살기 좋은 마을이 되었습니다.

우리의 삶이 그러하듯

골프로 인생의 도를 깨친 노 선사가 있었습니다.

그 소문을 듣고 골프가 짐이 되어버린

한 사람이 찾아가 물었습니다.

"선사님, 골프장은 원래 다들 필드가 들쑥날쑥한가요?

도무지 어느 장단에 맞춰야 할지 모르겠습니다."

"그래요, 친구여! 대개의 골프장이 그렇지요.
평지다 싶으면 어느새 언덕이고
끝나지 않을 것같이 긴 언덕을 오르다보면
또 안식을 주는 평지가 펼쳐지기도 하지요.
우리의 삶이 그러하듯……."

"선사님, 샷은 언제나 저를 배신하나요?
잘 되다가도 또 금세 엉망이니 답답할 노릇입니다."

"아니요, 친구여! 절대 그렇지 않아요.
배신이란 노력 이상의 기대가 만든 허상일 뿐이지요.
설혹 배신이 있더라도 그만큼의 행운이 따르게 마련이에요.
우리의 삶이 그러하듯……."

"선사님, 골프가 제게 도움이 되기는 하는 걸까요?"

"그럼요, 친구여!
단, 골프 자체가 목적이 되지 않는다면 말이지요.
휴식이 골프의 목적이고 사람과의 소통이 골프의 목적이고
자연과의 교감이 골프의 목적이라면
골프는 당신에게 더 없이 좋은 친구가 될 것입니다.
하지만 골프가 목적이 되는 순간,
골프는 당신에게 또 하나의 짐이 될 겁니다.
우리의 삶이 그러하듯……."

"선사님, 제가 맘 편히 골프를 즐길 날이 오기는 할까요?"

"물론이지요, 내 친구여!
하지만 섣불리 기대하지는 마세요.
평온함이란 오랜 노력의 결과이자
거짓 없는 땀으로만 얻을 수 있는 대가입니다.
우리의 삶이 그러하듯 말이지요."

축하합니다

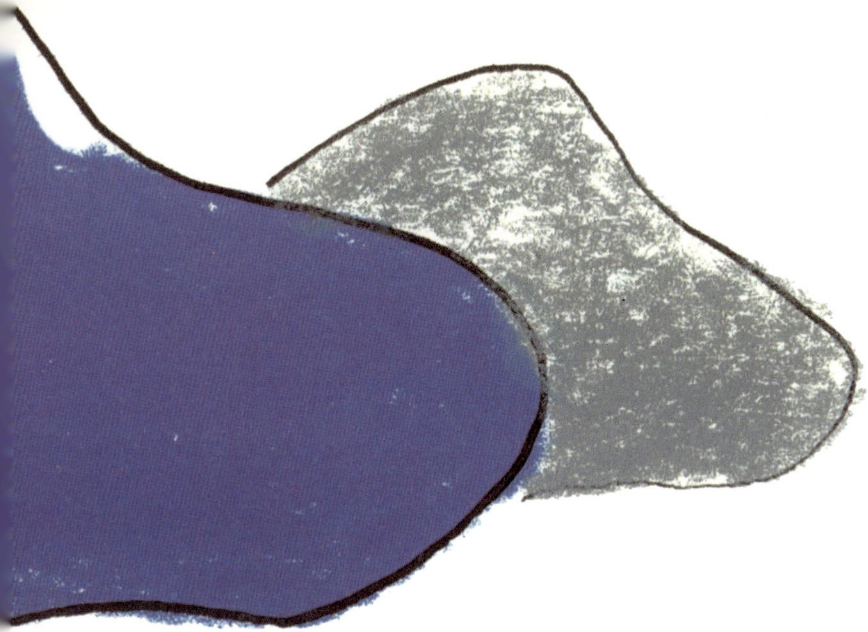

제자가 골프를 마치고 돌아와 스승께 말했습니다.

"선생님! 오늘 온종일 엄청 화가 납니다.
라운드를 완전히 망쳤거든요."

"알고 있다. 축하한다."

"예? 축하라니요."

"네가 온종일 화가 났던 것을 축하한단 말이다."

"아니, 그게 어째서 축하받을 일인가요?"

"죽으면 화도 못 낼 테니 어찌 기쁜 일이 아니겠느냐.
어쨌거나 살아 있으니 화도 내는 것이고, 오늘 그토록
라운드를 망쳤다면 내일은 적어도 그보다는 낫지 않겠느냐?
그러니 축하를 받는 게 마땅하지."

"무슨 말씀이신지……."

"화도, 짜증도 네게 온 손님이니
지극정성으로 대접하라는 말이다."

"그렇게 치면 긴장과 욕심도 다 제 손님이겠군요."

"이제야 말귀를 좀 알아듣는구나."

"선생님, 그럼 어떻게 하는 것이 화를 잘 대접하는 겁니까?"

"화가 나면 화를 내되 떨쳐버리거나 움켜잡으려고 하지 말거라. 손님이니 때가 되면 떠나지 않겠느냐."

그분

3년째 골프 수련을 하고 있는 제자가
아침 라운드를 마치고 와서는 호들갑을 떨었습니다.

"스승님, 스승님! 그분이 오셨어요.
아까 샷을 했을 때 공이 물컹하면서
클럽에 착 달라붙는 그 느낌이란…
정말 이루 말로 표현할 수가 없습니다.
드디어 제게도 '그분'이
오신 것 같습니다!"

"축하한다. 오늘 네 골프 실력이 훌쩍 성장했겠구나!"

"그럼요, 스승님. 이제야 뭔가를 깨달은 것 같아요."

스승이 찬찬히 차를 한 모금 마시고는
잔잔한 미소를 띠며 물었습니다.

"낚시를 하다 큰 고기를 한 마리 낚으면 기분이 어떻겠느냐?"

"그야 너무 좋겠지요."

"그런데 그 고기를 며칠 동안
품에 넣고 다니면 어떻게 되겠느냐."

"썩어버리겠지요."

“그래, 썩어서 악취를 풍기겠지. 자신이 지금 깨닫거나
겪은 것을 겸허한 자세로 받아들이지 않으면
결국 오만하고 건방진 사람이 된다.
그런 사람은 생선이 썩는 것보다 더 심한 악취를 내지.”

“그래도 아까 샷을 할 때의 그 느낌은
정말 이제껏 느껴본 적 없는 것이었습니다.”

“그 느낌이 잔디의 종류가 달라져도 가능하겠느냐?”

“…글쎄요.”

"우리의 깨달음은 절대적인 앎이 아니다.
우리가 무언가를 안다고 할 때
그것은 무조건적으로 아는 것을 의미하지 않는다.
네가 오늘 깨달은 것은 그저
'지금', '여기'에서의 깨달음일 뿐이다.
40도를 웃도는 기온에서 매트를 끌고 다니며
쳐야 하는 사막의 골프를 알게 된 것도 아니고,
모진 바람에 모래가 날리는 해변의 골프를
알게 된 것도 아니다."

"…네."

"세월을 조금만 거슬러 올라가도

지금 우리가 아는 지식과 경험으로는

이해가 안 되는 일투성이고,

한 치 앞 미래에도 지금의 신념과 확신이

유효할지는 누구도 모를 일이다."

"스승님 말이 옳습니다."

"골프를 치다가 '그래, 바로 이거야' 하는
느낌이 오더라도 이는 떠벌릴 일이 아니다.
그 느낌은 어쩌면 첫새벽 안개처럼 사라질지도 모르고
오히려 네가 더 높은 경지로 오르는 것을
가로막을지도 모른다.
소소한 앎이나 깨달음에 이끌리지 않고
그저 하루하루 조금씩이나마 정진하다보면 언젠가
사통팔달 도가 트일 날이 올 것이다."

January - February

멀리건

손님이 너무 없어 걱정인 한 장사꾼에게
친구가 찾아왔습니다.

“골프나 한번 치자!”

“내가 요즘 그럴 여유가 없어서…….”

“그러지 말고 가자. 공돈이 좀 생겼으니 오늘 비용은 내가 대마.”

장사꾼은 내키지 않았지만 마지못해 친구를 따라나섰습니다.
티 박스에 이르자 친구가 엉뚱한 제안을 하나 했습니다.

"오늘은 골프장에 다른 손님도 별로 없고 하니
멀리건을 무제한으로 써보면 어떨까?"

"그건 또 무슨 소리냐?"

"장사 때문에 마음고생이 심할 텐데
골프 치면서 더 골치 아파질 필요 없잖아."

초반 몇 홀에서 한두 개씩 멀리건을 쓰긴 했지만
홀이 거듭될수록 신기한 일이 벌어졌습니다.
멀리건을 맘껏 쓰기로 했으므로 잘못 쳐도 다시 치면 되니
샷이 긴장되지도 불안하지도 않았습니다.
그러다보니 딱히 멀리건을 쓸 일이 없을 만큼
공이 잘 맞았습니다.
마음이 여유로우니 푸르른 경치도 눈에 들어왔습니다.

18홀 라운드 결과, 멀리건 쓴 것을 더해도
라이프 베스트 스코어인 89타를 쳤습니다.
너무도 유쾌한 라운드가 끝나고 욕탕에 들어가
그날의 골프를 음미하고 있는데 친구가 슬며시 다가왔습니다.

"어때, 오늘 골프 좋았지?"

"그래, 네 덕분에 간만에 기분 좋게 골프 쳤다."

"살아보니 인생에도 의외로 멀리건이 많더라.
너무 잘하려고 하고 결과에 연연할수록
일이 더 안 풀리고 꼬이더라고.
지금 네가 하는 장사에 오비가 났다고 생각하고
멀리건을 하나 써봐.
실패가 문제가 아니라 실패를 인정하려 하지 않고
실패를 통해 배우지 못하는 것이 더 문제잖아.
힘든 줄 알지만 이 말을
꼭 해주고 싶어서 오늘 부른 거야."

장사꾼은 욕탕 물로 얼굴을 훔쳐 애써 감추기는 했지만
가슴이 뭉클해 따뜻한 눈물이 흘렀습니다.

시크릿

골프를 치던 두 친구 중 하나가 엉뚱한 질문을 했습니다.

"자네는 누군가의 도움을 받으면
고마워하는가 아니면 미안해하는가?"

"글쎄? 그런 걸 갑자기 왜 묻나?"

"라운드를 하면서 보니
자네는 내 도움에 계속 미안해하는 것 같더군.
아까 숲 속에 들어간 공을
함께 찾아주러 갔을 때도 그렇고 말이야."

"지난 홀에서 오비가 났을 때 말인가?"

"그때 내게 미안하다고 사과를 했잖아."

"근데 그게 어때서? 내가 잘못 쳐서
자네가 번거롭게 수고를 했으니 미안한 게 당연하지."

"그뿐만이 아닐세.
그 전 홀에서 버디를 했을 때도 내게 미안하다고 했지."

"실력이 아니라 운이 좋아서 들어갔으니 미안할 수밖에 없지."

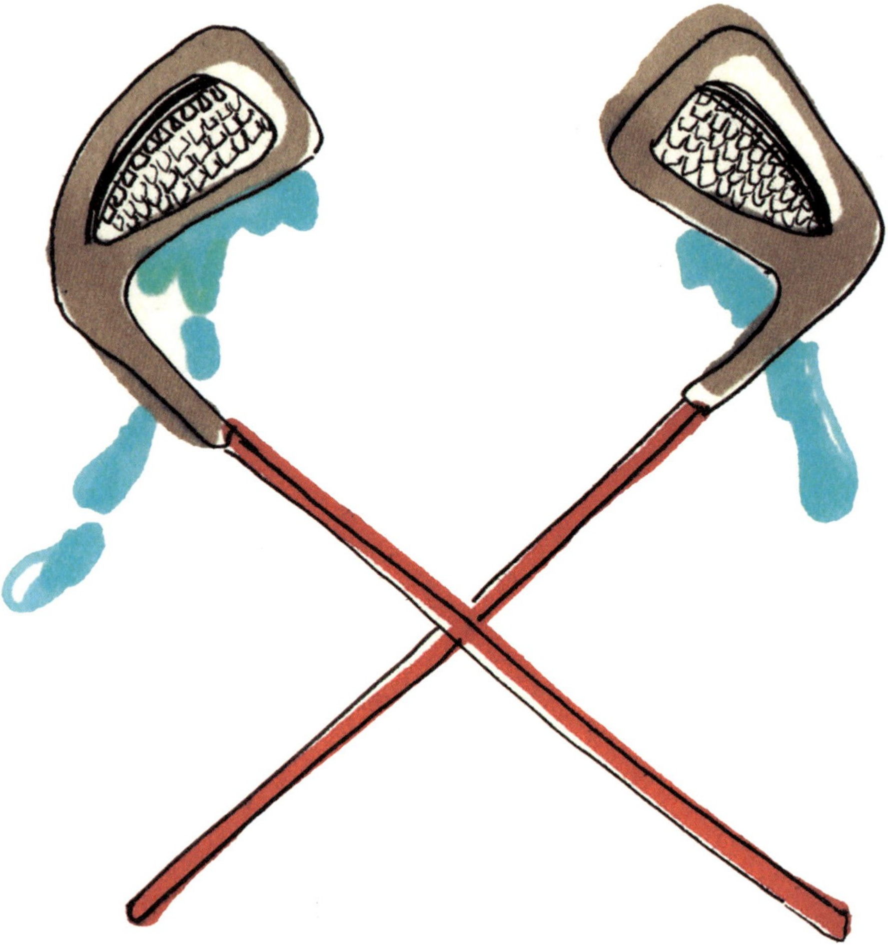

"그래, 미안해할 수도 있겠지.
그래도 미안하다고 하기보다는
고맙다고 하면 어떨까?"

"그게 그거 아닌가?"

"아니지, 전혀 다르다네."

"미안함은 부정의 마음이지만,
고마움은 긍정의 마음이야.
한번 생각해보게. 자네가 누군가를 도왔는데
상대가 미안해서 어쩔 줄 모르면 다음에 또 돕고 싶겠나?
고마워하고 기뻐해야 그 모습을 다시 보고 싶어서라도
또 도와주고 싶을 것 아닌가?"

"그러고보니 그렇군."

"미안해하는 사람에게는 미안한 일만 생기고

고마워하는 사람에게는 늘 고마운 일만 생기게 마련이네."

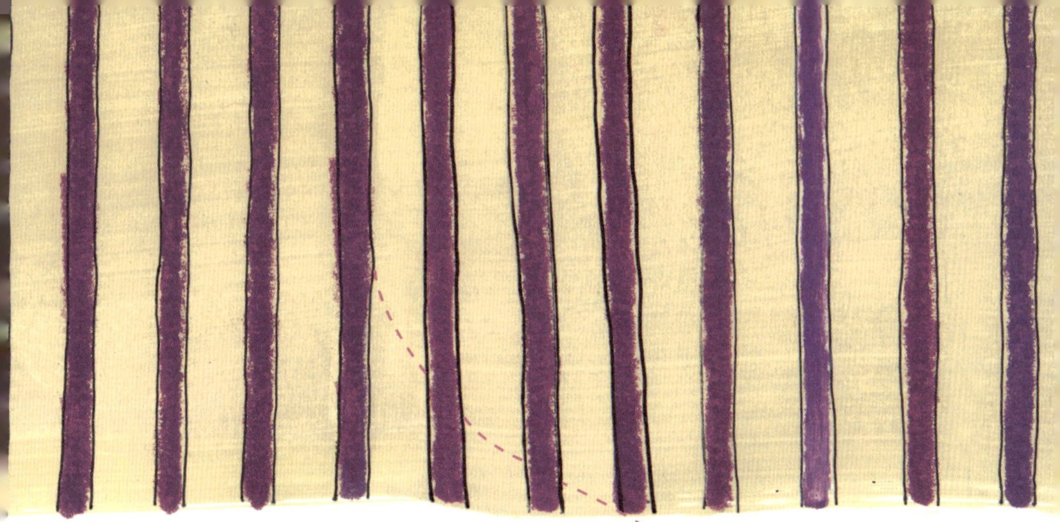

감옥

한 사나이가 억울한 누명을 써
10년간이나 옥살이를 하고 세상에 나왔습니다.
감옥에 있는 동안 그립고 궁금했던 친구들을
두루 만나러 다닌 그는 마지막 남은 친구를 찾아가 물었습니다.

"너는 잘 지내니?"

"왜? 다른 친구들은 잘 못 지낸다는 말처럼 들리네."

"응, 내가 보기에는 다들 감옥에 갇혀 살더라고."

"감옥?"

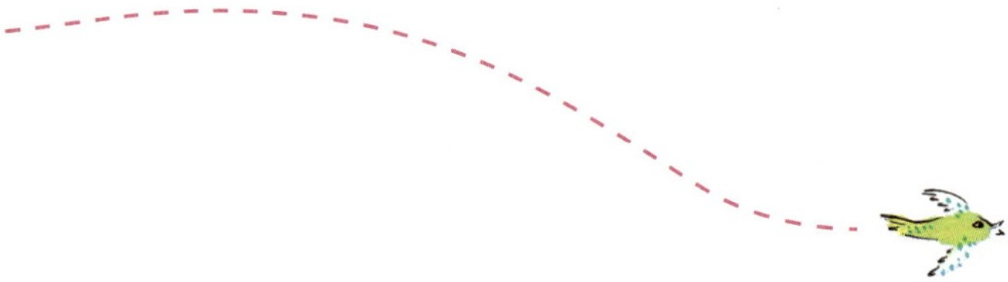

"다들 그렇게 사니
친구도 부모님도 잘 만날 수가 없지.
그게 감옥이지 뭐냐?"

주말이면 골프 치느라 이 핑계 저 핑계 대며 이삼 년간이나
부모님을 찾아뵙지 않고, 골프를 치지 않는 친구들과는
소식 끊은 지 오래인 친구는 또 한 번 뜨끔합니다.

그리고 사나이는 발길을 돌리며 말했습니다.

"하고 싶은 것 다 할 수 있다고 그게 자유는 아닌 것 같아.
무언가를 하고 싶고 이루고 싶은 욕심에
매이지 않고 사는 것이 진짜 자유가 아닐까?"

악연

"스승님, 큰일입니다.
오늘 제가 일하는 곳에 사람이 새로 들어왔는데
골프를 함께 쳐보니 정말 형편없는 사람입니다.
이제 매일같이 보고 살아야 한다니 정말 악연입니다."

"그 사람의 어떤 점이 그렇게 거슬리더냐?"

"그 친구는 도통 자기밖에 모릅니다."

"정도의 차이야 있겠지만
누구에게나 그런 점은 있지 않느냐."

"그렇지만 도가 지나쳐 완전히 안하무인인데다
규칙도 마구 어기더군요."

"잘 몰라서 그럴 수도 있지 않느냐."

"그 정도도 모르고 골프를 쳤다면 그것도 잘못입니다."

"처음부터 알고 치는 사람이 어디 있겠느냐."

"스승님이 아무리 그러셔도
제 생각에는 변함이 없습니다."

"세상에 인연은 있을지라도 악연이란 없다.
나쁜 사람이다 싶어도 어느새 스승이 되고,
꺼려지는 관계에서도 결국 배울 것이 있게 마련이다.
네가 맺는 모든 인연을 다 공부라고 생각하면
악연이란 있을 수 없다."

"그럼 오늘 만난 사람에게서는 뭘 배울 수 있겠습니까?"

"적어도 골프를 칠 때 상대방을 배려해야 하고
규칙을 어겨서는 안 된다는 것을
뼈저리게 배웠을 것 아니냐."

"그건 그렇습니다."

"세상에는 완전한 악인도, 완전한 선인도 없다.
산이 높으면 골이 깊듯 단점이 많으면
장점이 그만큼 많을 수도 있다.
네가 그 사람을 만나고 싶어서 만난 것이더냐?"

"아닙니다."

"헤어지는 것도 네 마음대로 되는 일이 아니지 않느냐?"

"그렇습니다."

"오는 인연을 막을 수 없고, 가는 인연을 잡을 수도 없다.
성격은 괴팍해도 네게 큰 가르침을 줄
훌륭한 스승님 한 분을 모시게 되었다고 생각하거라."

2장

읽기만 해도 스코어가 쑥쑥

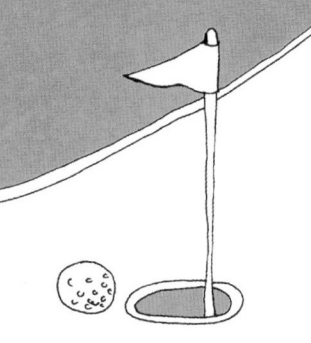

마지막 이유

한 골프 선수가 경기를 망치고 와서는 스승에게 변명을 늘어놓았습니다.

"스승님, 오늘 날씨가 엉망이었습니다. 바람이 엄청 불더니만 나중에는 비까지 내렸습니다. 정말 어쩔 도리가 없었습니다."

한참을 듣고 있던 스승이 물었습니다.

"바람이 너한테만 불었니?"

"그런 건 아닙니다만……."

제자의 변명이 이어졌습니다.

"게다가 오늘 라운드를 함께한 선수들은
경기 예절이 형편없었습니다.
한 사람은 샷을 할 때마다 시간을
질질 끌면서 이러쿵저러쿵 어찌나 말이 많던지…….
또 한 명은 운이 엄청 좋아서 치는 족족
퍼팅이 다 들어가더군요.
그랬으니 제가 이길 리가 없지요."

또 한참을 듣고 있던 스승이 물었습니다.

"그랬구나. 이제 다 말한 거냐?"

"예, 대충…….'

"그런데 너는 네가 경기에서 진 진짜 이유는 결국 말하지 않는구나."

"저로서는 더 떠오르는 것이 없습니다."

"네가 패배한 것은 스스로가 이길 수 있다고 전혀 믿지 않았기 때문이다."

"네?"

venue
NO NO
NO NO
NO NO
NO NO
NO NO NO
NO NO NO NO NO NO
NO
NO NO NO NO NO NO

"훌륭한 골퍼는 전략을 갖고 경기에 임하지만
변변찮은 골퍼는 언제나 변명만 하며,
훌륭한 골퍼는 문제에서 답을 찾지만
변변찮은 골퍼는 답에서 문제를 찾는다.
또 훌륭한 골퍼는 '어렵지만 가능하다'고 말하지만
변변찮은 골퍼는 '가능하지만 어렵다'고 말하느니라.
너는 어떤 골퍼가 되겠느냐?"

대담과 섬세 사이

한 노스승이 큰 대회를 앞둔 총명한 제자 세 명과 함께
라운드를 했습니다.
스승은 몇 홀을 거치는 동안 묵묵히 라운드에만 몰두했습니다.
그러다 비가 온 뒤라 흙탕이 되어버린
워터해저드에 이르자 제자들을 불러 모았습니다.

그러고는 갑자기 바지를 내리더니
워터해저드에 소변을 보는 것이었습니다.
제자들이 민망해 할 겨를도 없이
스승은 이야기를 시작했습니다.

"골프에 있어 가장 중요한 요소 중 하나가 바로 대담성이다.
어려운 형편에 처했다고 주눅 들고 겁을 먹으면
절대 골프를 잘할 수 없다."

말을 끝낸 스승은 그 물을 손가락으로 휘휘 젓더니
그 맛을 보려는 듯 손가락을 입에 넣었습니다.

"골프를 제대로 하려면 이 정도 용기는 있어야 하느니라.
자, 너희도 해보거라."

rris

기겁을 한 제자들은 누구 하나 선뜻 나서지 않았습니다.
다시 한 번 스승의 호통이 떨어지고 나서야
비로소 한 제자가 말했습니다.

"다른 사람도 아닌 스승님의 소변인데
제자인 제가 먹지 못할 이유가 무엇이겠습니까?"

한 제자가 스승의 뜻을 따르자
다른 제자들도 마지못해 용기를 냈습니다.
다들 속이 뒤집혀 표정이 일그러졌습니다.

모든 제자가 그 맛을 보고 나자 스승은 더는 못 참겠다드는 듯 웃음을 터트리며 말했습니다.

"하하하하! 나는 검지로 물을 젓고 중지를 입에 넣었건만 너희는 그것을 미처 못 본 모양이구나."

그 말에 제자들은 붉으락푸르락 안색이 변했습니다. 그리고 스승이 타이르듯 말을 이었습니다.

"섬세함이 빠진 대담함은 용기가 아니라 만용이니라.
자신이 처한 형편을 세심하게 읽지 않은 채
무턱대고 용기를 부리면 결국 패하게 마련이고,
상대의 패를 찬찬히 읽지 않고 내기를 하는 것은
패가망신하는 지름길이다."

스승의 가르침에 큰 깨달음을 얻은 세 제자 모두
곧 있은 대회에서 좋은 성적을 거두었고,
늘 그날의 짠 물맛을 잊지 않았다고 합니다.

세 개의 비방

한 사내가 매일 해 질 무렵이면

골프장 어귀에서 벽에 방을 붙이고 노점을 벌였습니다.

그 방에는 다음과 같이 적혀 있었습니다.

“골프가 짐이 되어버린 사람들에게 비방을 팝니다.”

누구도 그 남루한 행색의 사내에게 관심을 가지지 않았습니다.
그러던 어느날 라운드를 엉망으로 마치고 나온 한 남자가
벽에 붙은 방을 보고 지푸라기라도 잡는 심정으로
사내에게 다가가 물었습니다.

“그 비방이라는 게 대체 뭐요?”

“이 안에 쓰여 있소.”

사내는 각각 노란색, 푸른색, 붉은색 비단 띠로
둘러 묶은 한지 두루마리 세 개를 건넸습니다.

“여기에 비방이 적혀 있다는 말이오?”

“그렇소.”

“그래, 이게 얼마요?”

“세 개가 한 벌이고 열 냥만 주시오.”

“우선 하나만 사서 보면 안 되는 거요?”

“절대 안 되오.
노란색 두루마리를 먼저 보고 나서
효능을 얻으면 푸른색 두루마리를 보고,
또 효능을 얻은 다음에 붉은색 두루마리를 봐야 하오.”

“어디, 그럼 조금만 미리 봅시다.”

“안 되오, 살 마음 없으면 얼른 가보시오.”

단호한 사내의 태도에 한참을 망설이던 남자가 드디어 입을 열었습니다.

“알겠소. 한 벌 주시오.”

두루마리를 건네며 사내가 당부했습니다.

"집에 가거든 우선 푹 자고
묘시가 지나기 전에 일어나
노란색 두루마리를 풀어 보시오.
반드시 차례대로 열어 보아야 하오.
아무리 궁금해도 한꺼번에 열어보거나
효능을 얻기 전에
다음 두루마리를 열어서는 안 되오.
이 약속을 지키지 않으면
비방은 아무런 효능도 발휘하지 않을 것이오."

"내 꼭 그렇게 하리다."

집으로 돌아온 남자는 반신반의하는 심정으로
첫 번째 두루마리를 풀었습니다.
그 안에는 다음과 같이 쓰여 있었습니다.

“휘원소원”

암호인 것 같기도 하고 도무지 뜻을 알 수 없는 글귀에
남자는 아니나 다를까 비렁뱅이한테 속았구나 싶었습니다.
하지만 가만히 뜯어보니 글자를 써내려간 필치가
예사롭지가 않습니다.

이후 며칠이 지나는 동안 머릿속에

'휘윈소원'이란 글귀가 계속 맴돌았습니다.

다시 두루마리를 꺼내 찬찬히 보니 글귀 위의 동그라미는

아무래도 골프 스윙을 의미하는 듯했습니다.

"동그라미가 스윙이면… 음…

'휘'는… '휘두르기'겠구나!

그래, 스윙이 휘두르는 거지 뭐겠어.

그럼 '윈'은 뭘까? 윈발… 아니면 윈손?"

며칠을 생각해도 나머지 글자들의 뜻을 알 수가 없었습니다.
그나마 꿰어 맞춘 말을 곱씹을 따름이었습니다.

'스윙은 휘두르기다… 스윙은 휘두르기다…….'

그러다 마지막 글자인 '원'이 머릿속에 떠올랐습니다.

"글귀 위의 동그라미 그림도 그렇고…
휘둘러서 둥글게 '원'을 그리는 게 스윙이라면 말이 되네.
그래, 스윙은 휘둘러서 원 그리기다!"

하지만 여전히 '왼'과 '소'의 뜻은 도무지 알 수가 없었습니다.

그렇게 한 달여의 시간이 지날 무렵이었습니다.
일을 마치고 집으로 돌아가는 길에 뭐가 그리 급한지
어딘가를 향해 쏜살같이 뛰어가는 사람이
남자의 왼편을 휙 스쳐 지나갔습니다.
그때 문뜩 남자는 나머지 글자 '왼'과 '소'의 의미를 깨달았습니다.

"그래, '왼소'는 바로 왼쪽에서 나는 소리야!
그렇다면 스윙이란…
휘둘러서 왼쪽에서 소리가 나는 원 그리기가 되네.
아무렴 그렇지. 공을 멀리 쳐내려면
힘으로만 칠 게 아니라 헤드 스피드를 높여야지.
헤드 스피드가 높아지면 자연스레
왼편에서 휙 소리가 날 테고 말이야.
아무렴, 그렇고말고. 스윙은 휘왼소원이지!"

역시 그 초라한 사내는 보통 사람이 아니었습니다.
첫 번째 두루마리로 큰 깨달음을 얻은 남자는 더 큰 기대를 품고
두 번째 두루마리를 풀었습니다.

“빈 스윙 하루 300번, 그것만이 살 길이다.”

이번에는 명쾌한 비방이 담겨 있길 바랐건만
갈수록 첩첩산중이었습니다.

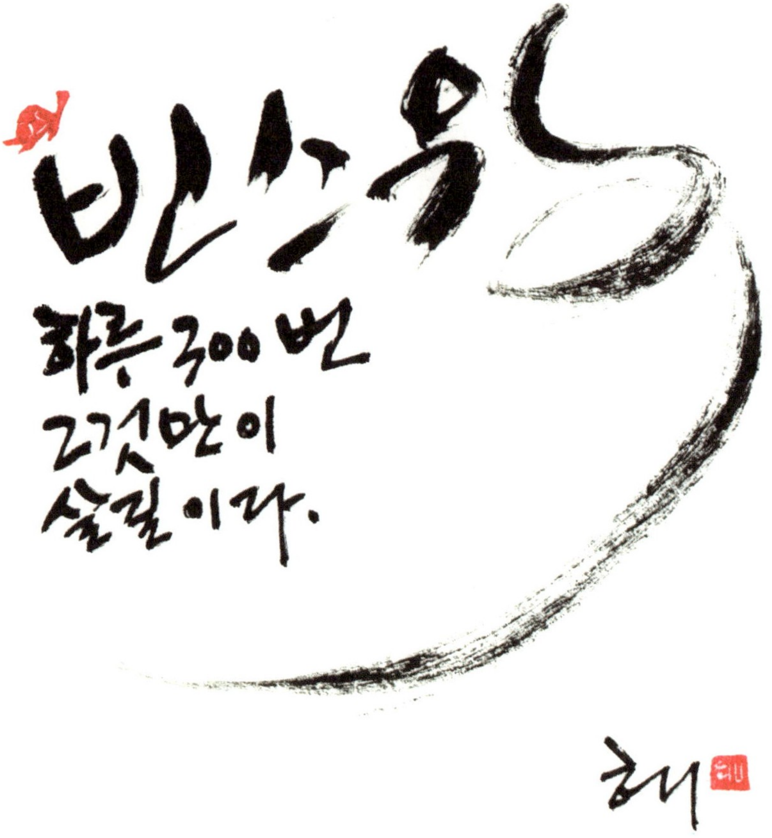
반성
하루 300번
그것만이
살길이다.
해

그렇게 며칠을 고민하던 남자는
귀가 번쩍 뜨이는 이야기를 듣게 되었습니다.
명궁수는 좋은 자세를 만들기 위해 화살을 메기지 않고
시위 당기는 연습을 수도 없이 반복한다는 것이었습니다.

'그래, 어디 나도 한번 해보자.'

아침에 눈떠 밥 먹기 전에 200번,
잠들기 전에 100번.
그렇게 열흘이 지나고 스무 날이 지나자 남자는
빈 스윙을 할 때와 공을 두고 스윙할 때 자신의 마음이
어떻게 다른지 깨닫게 되었습니다.
공이 없을 때는 아무 부담이 없어 스윙이 자연스러운데
공이 앞에 있기만 하면, 샷이 엇나가면 어쩌나
비거리가 짧으면 어쩌나 걱정이 태산이었습니다.

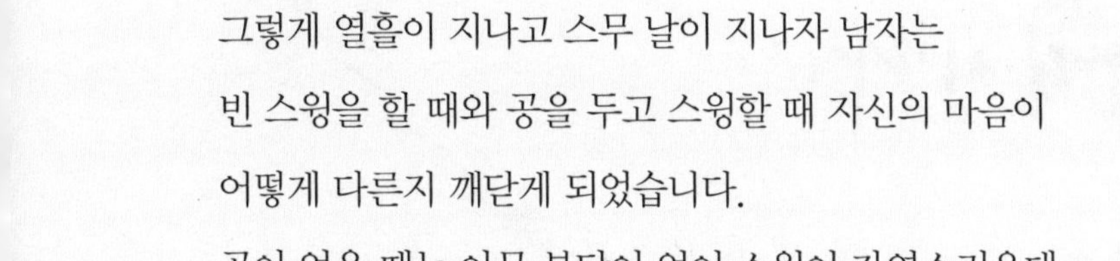

그런데 비방에 있는 대로 매일 300번씩 빈 스윙을 하니
이제는 공을 앞에 두고도 빈 스윙을 할 때처럼
자연스럽게 샷을 할 수 있게 되었습니다.

예전보다 방향도 일정해지고 비거리도 한결 늘어
필드에 나갈 때면 친구들이 언제 그렇게 연습을 했냐며
부러운 듯 한마디씩 했습니다.

그렇게 실력이 일취월장한 남자는
드디어 마지막 비방을 열었습니다.

"콧노래로 스윙하라."

예전 같으면 이런 허무맹랑한 말이 어디 있냐며
내팽개쳤겠지만 이미 비방의 효능을 맛본 남자는
비방의 가르침을 마음에 새겼습니다.

노래로
스윙하라

남자는 이후 스윙 연습을 할 때마다
무작정 아무 노래나 콧소리로 불러보았습니다.

그러다 하루는 아리랑을 흥얼거리며 연습을 했더니
그 삼박자가 스윙 동작과 아주 잘 맞았습니다.

"아~리~랑— 아~리~랑— 아~라~리— 요~~."

게다가 가만히 입 다물고 연습할 때보다 흥이 나기도 했고
박자에 따라 움직이다보니
샷을 할 때 조급함이 한결 덜해졌습니다.

문득 생각이 나서 이전에 읽었던
골프 대가들의 책을 다시 훑어보니
역시 스윙에 있어 가장 중요한 요소 가운데 하나로
박자감을 꼽아놓았습니다.

예전에 라운드 할 때는 잘 치다가도
조금만 삐끗하면 나머지 샷도 죄다 엉망이 되곤 했는데
이제는 하나하나의 샷에 몰입할 수 있게 되었습니다.

to Mars five years
soil samples and
stills showing a
oked like the inner
NASA's scientists,
story of Mars's
tial for further
illed. And the
and cracked mud,
neither inviting no
shots are primarily
often makes it imp
ference between th
earthly locations lik
Valley or Harlem.
Yet the works w
NEW M
CONTEMP
go produced only so
week's worth of grai
ad red desert that lo
aches of Nevada. Yet
ager to establish the
formation there, and the pc
exploration and the pc
rest of the world

고마운 마음에 자기에게 비방을 준 사내를 찾아
골프장에 갔지만 그 후로는
모습을 보인 적이 없다고 했습니다.
그때부터 남자는 그 사내 대신 예전의 자신처럼
골프가 짐이 되어버린 누군가에게 비방을 전하기 위해
해 질 무렵이면 골프장 어귀에 노점을 연다고 합니다.

Rowe

두 친구

어느 마을에 골프 도사로 소문난 사내가 하나 살았습니다.
하루는 그의 친구 하나가 한 수 가르쳐달라며 찾아와
라운드를 함께했습니다.
가르침을 달라는 친구의 부탁에도 불구하고
사내는 별다른 이야기 없이 라운드에 집중할 뿐이었습니다.
역시 소문대로 실력이 훌륭했습니다.
참다못한 친구가 말했습니다.

"정말 부럽네. 어떻게 하면 그렇게 골프를 잘 칠 수 있는 건가?
내 스윙 좀 한번 봐주지 않겠나?"

사내는 친구의 청에 아랑곳하지 않고 되물었습니다.

"친구, 자네는 스윙을 할 때 무엇을 보나?"

"그야 물론 스윙이 끝날 때까지 공에서 눈을 떼지 않지."

"나는 공이 아니라 공을 향한 내 마음을 본다네."

사내는 그렇게 아리송한 말만 던지고는
발걸음을 다시 옮겼습니다.
몇 홀을 더 지나 사내는 문득 생각났다는 듯
또 물었습니다.

"자네는 홀 핀을 볼 때 무슨 생각을 하나?"

"그야 공을 거기에 좀 더 가까이 붙여야겠다는 일념뿐이지."

"나는 홀 핀을 바라보는 내 마음을 생각한다네."

드디어 마지막 홀에 이르렀습니다.
친구가 파 퍼팅을 남기고 요모조모 가늠을 하고 있는데
사내가 다가와 물었습니다.

"자네는 퍼팅할 때 무슨 생각을 하나?"

"아니, 또 무슨 말을 하려는 건가?"

"나는 마음속에 홀 컵으로 공이 굴러들어가는
그림을 그린다네."

선문답같이 오가는 대화에 답답해진
친구는 급기야 따지듯 물었습니다.

"아까부터 자네는 계속 마음을 이야기하는데
도대체 그게 골프와 무슨 상관이 있단 말인가?"

"그리 대수로운 것은 아닐세.
그저 홀 핀을 보면서 내가 욕심을 부리고 있지는 않은지
긴장하거나 실패를 두려워하고 있지는 않은지
살피려고 애쓸 뿐일세."

“그리하면 어찌 되는가?”

“그렇게 스스로를 들여다보는 것만으로도 욕심, 불안, 두려움이 눈 녹듯 사라지지. 마음속에 그런 부정적인 감정이 있으면 결과 또한 부정적일 수밖에 없다네.”

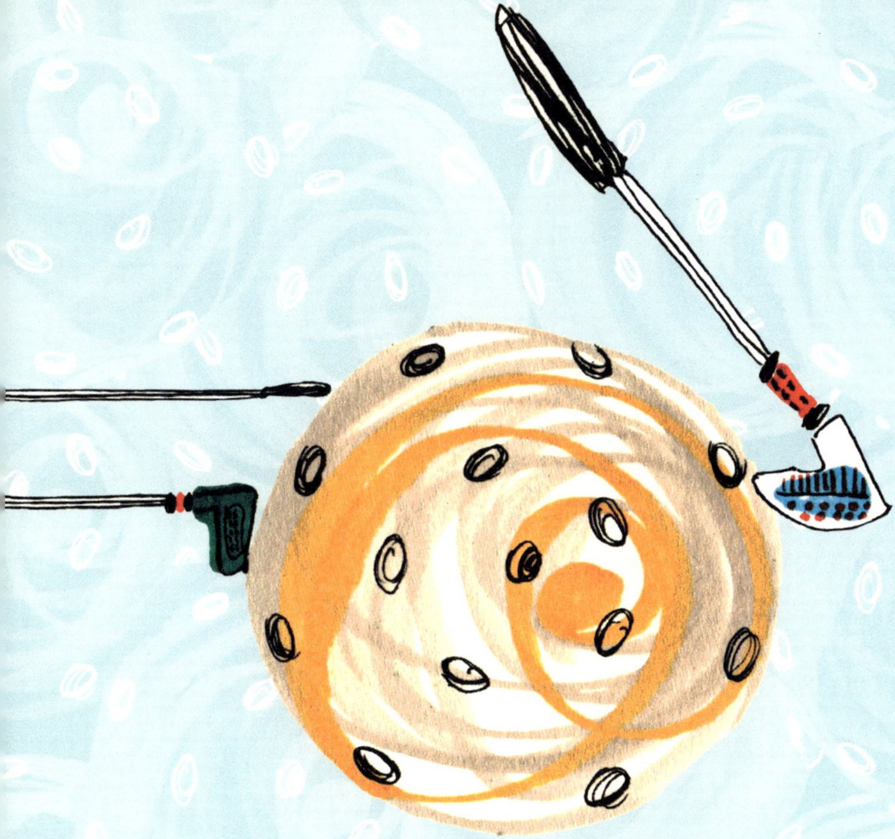

그날 이후 친구는 스윙할 때면 늘
공을 향한 스스로의 마음을 보려 했고,
홀 핀을 볼 때는 그것을 바라보는 마음을 생각하려 했으며,
퍼팅을 할 때는 공이 홀 컵으로 굴러들어가는
그림을 마음속에 그렸습니다.

그렇게 사내의 가르침을 따르다보니

신기하게도 하루가 다르게 샷이 좋아졌습니다.

또 승리에 집착하지 않고 스스로의 마음에 집중하다보니

골프를 진정 즐길 수 있게 되었습니다.

마침내 사내와 어깨를 겨룰 만큼

실력이 일취월장한 친구는 사내를 다시 찾아가

라운드를 함께하며 뿌듯한 마음을 나누었다고 합니다.

박쥐의 골프

박쥐가 어느 날
새들과 어울려 골프를 쳤습니다.
새들이 공중을 누비며
골프를 치는 광경은 정말 흥미진진했습니다.
몇 홀이 지나 참새 하나가 박쥐에게 물었습니다.

"박쥐야, 너는 새니 아니면 쥐니?"

"나는 새도 아니고 쥐도 아니야. 그냥 박쥐야."

그러자 옆에 있던 까치가 이야기했습니다.

"우리는 쥐하고는 골프 안 쳐.
우리와 계속 어울리고 싶으면 앞으로 절대
쥐들과는 골프를 치지 않겠다고 약속해."

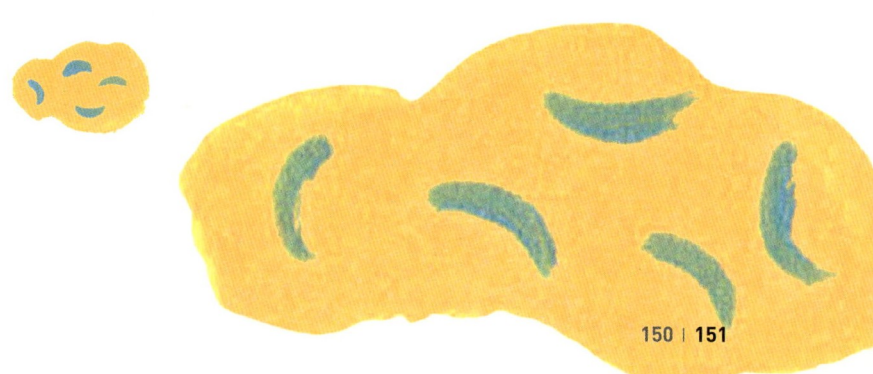

그 옆에 있던 비둘기도 한마디 거들었습니다.

“그러게, 아까 보니 너 다음 샷을 하러 자리를 옮길 때
걸어가기도 하던데 앞으로는 꼭 날아서 가도록 해.
얼마나 보기 흉했는지 아니?”

하지만 새들과 골프 치는 게 아무리 재밌기로소니
그간 늘 나를 반겨준 쥐 친구들을 내칠 수는 없었습니다.
며칠 지나 쥐들로부터 더 추워주기 전에
골프나 한번 치자며 연락이 왔습니다.

무척 반가워 한걸음에 달려갔습니다.

오랜만에 함께해서인지 더 즐거웠습니다.

9번 홀이 지날 즈음 박쥐가 집쥐에게 말했습니다.

“얼마 전에 새들과 함께 골프를 쳤는데

이리저리 휙휙 날아다니는 게 정말 대단하더라.”

“와, 말만 들어도 정말 재밌었을 것 같다.”

집쥐는 박쥐가 새들과 어울리는 데

아무런 거리낌이 없는 것 같았습니다.

옆에 있던 생쥐도 한마디 했습니다.

"나도 새들과 골프 한번 쳐봤으면……."

뒤따라오던 시골 쥐도 거들었습니다.

"걔들이 우리랑 골프를 치려고 하겠니?
나는 박쥐가 이렇게 하늘 골프 이야기를
들려주는 것만으로도 족해."

박쥐는 새들이 쥐에 대해 어떻게 말했는지
차마 입 밖에 꺼낼 수 없었습니다.

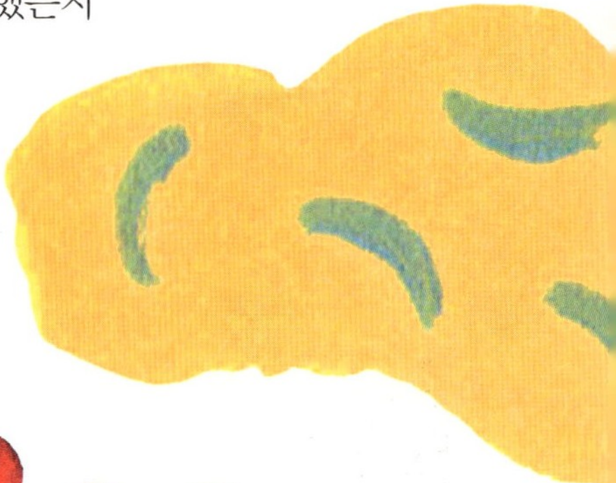

새들은 서로의 다름을 인정하지 않고 쥐를 헐뜯었지만

쥐 친구들은 차이를 있는 그대로 긍정했습니다.

이후 박쥐는 새들과 어울리지 않고,

쥐 친구들과 골프를 즐겼습니다.

그리고 날 수 있는 능력을 뽐내거나 하는 일 없이

그들과 오래도록 어우러져 살았답니다.

접대
골프

골프를 치기만 하면 늘 투덜거려 친구들로부터조차
따돌림당하던 한 사람이 어느 날인가부터 완전히 변했습니다.
명랑하고 유쾌할 뿐만 아니라 골프 실력도 훌쩍 늘었습니다.
그러니 자연스레 사람들이 그를 좋아하기 시작했습니다.
라운드를 함께하던 친구가 그에게 물었습니다.

"아니, 자네 어찌 이렇게 하루아침에 달라졌는가?"

"허허, 작년 이맘때쯤이었나?
스윙도 샷도 엉망이 되어
시합만 하면 지니까 정말 죽을 맛이었네.
그러던 어느 날, 손님 하나가 찾아와
골프장에서 접대해야 할 일이 생겼지.

내게 정말 중요한 손님이었기 때문에 시합에 이기고 지는 게 문제가 아니라 그분을 기분 좋게 해드리는 게 관건이었다네. 옆에서 응원도 하고 공도 주워드리면서 시중을 들었고, 심심하지 않으시게 재밌는 이야기도 해드렸지. 다행히 그분도 만족해하시는 것 같았네. 그런데 정말 놀라운 일이 벌어졌어."

"아니, 그게 뭔가?"

"그날 내 생애 최고의 점수를 냈다네."

"그게 정말인가? 그분을 수발하느라 정신이 없었을 텐데 어떻게 그럴 수가 있었단 말인가?"

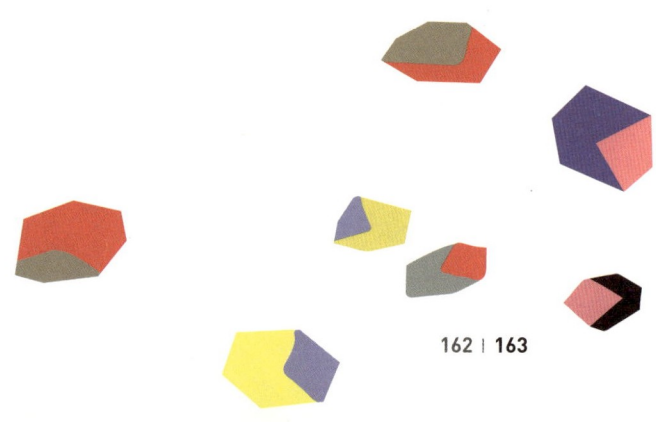

"내 말이 그 말일세. 골프 감을 되찾기 위해
애쓰면 애쓸수록 점점 더 실력이 나빠졌건만
잘 치려는 마음을 버리고 딴 데 정신이 팔려
라운드를 했더니 최고 점수를 딴 걸세.
그때 결심했네. 상대방이 누구건 간에
늘 최고의 손님을 접대하는 마음으로
라운드에 임하자고 말이야."

"옳거니, 그래서 자네가 이렇게 변한 거군."

"그게 다가 아닐세."

"또 무슨 일이 있었는가?"

"내가 진정 성심성의껏 접대해야 할 사람이 누군지 깨달았지."

"그것이 누군가? 어서 말해보게나."

"다름 아닌 나 자신일세.
생각해보니 진짜 제대로 대접받아야 할 사람은 바로 나였다네.
일하랴 가족들 챙기랴 애쓰는 나야말로
정말 위안이 필요하지 않겠나? 그래서 결심했지.
골프를 칠 때만큼은 스스로에게 접대하자고,
나를 격려하고 응원하고 칭찬하자고 말일세."

"그랬군."

"자네도 한번 해보게나.
그러고 나니 골프가 정말 즐거워졌다네.
일도 술술 풀리고 말일세, 하하!"

그의 환한 웃음에 친구의 마음도 함께 따뜻해졌습니다.

뻔한 샷 

골프를 업으로 삼은 한 사내가
계속 실력이 부진해 고민하던 끝에
집 근처 절에서 큰스님 모시어 법회를 연다는
소식을 듣고 찾아갔습니다.

사내는 법회가 끝난 후 절 주변을 맴돌며
망설이던 끝에 스님께 물었습니다.

"스님, 저는 골프 선수입니다만
고민이 있어 여쭐 것이 있습니다."

"알고 싶은 것이 무엇인가?"

"저는 남들이 다 어려워하는 샷은 잘하는데
뻔하고 쉬운 샷에서 꼭 터무니없는 실수가 나옵니다.
도대체 그 이유가 무엇이겠습니까?"

스님은 사내의 말을
묵묵히 듣고는 말했습니다.

"같은 무게의 물건이라도
무겁다고 여기고 들면 오히려 가볍고,
가볍다고 여기고 들면 도리어 무거운 법일세.
사람이 큰일보다 작은 일에 낭패를 겪는 이유는
큰일을 할 때는 정신을 바짝 차리면서도
작은 일에는 방심하기 때문이 아니겠는가."

사내는 스님의 말에 깨우침을 얻었다는 듯 말했습니다.

"아, 그래서 성인은 작은 일을
크게 여긴다는 옛말이 있군요."

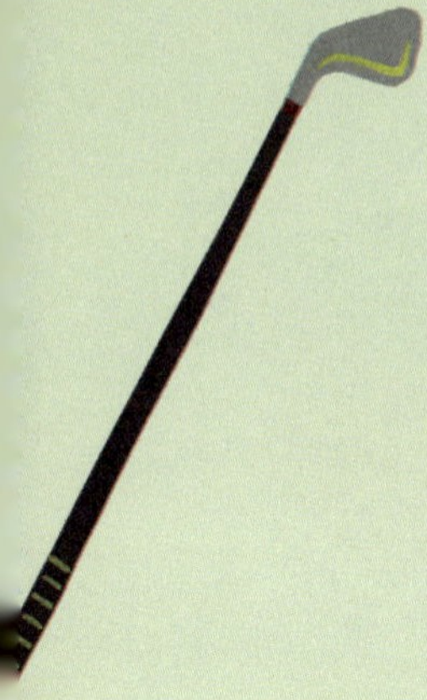

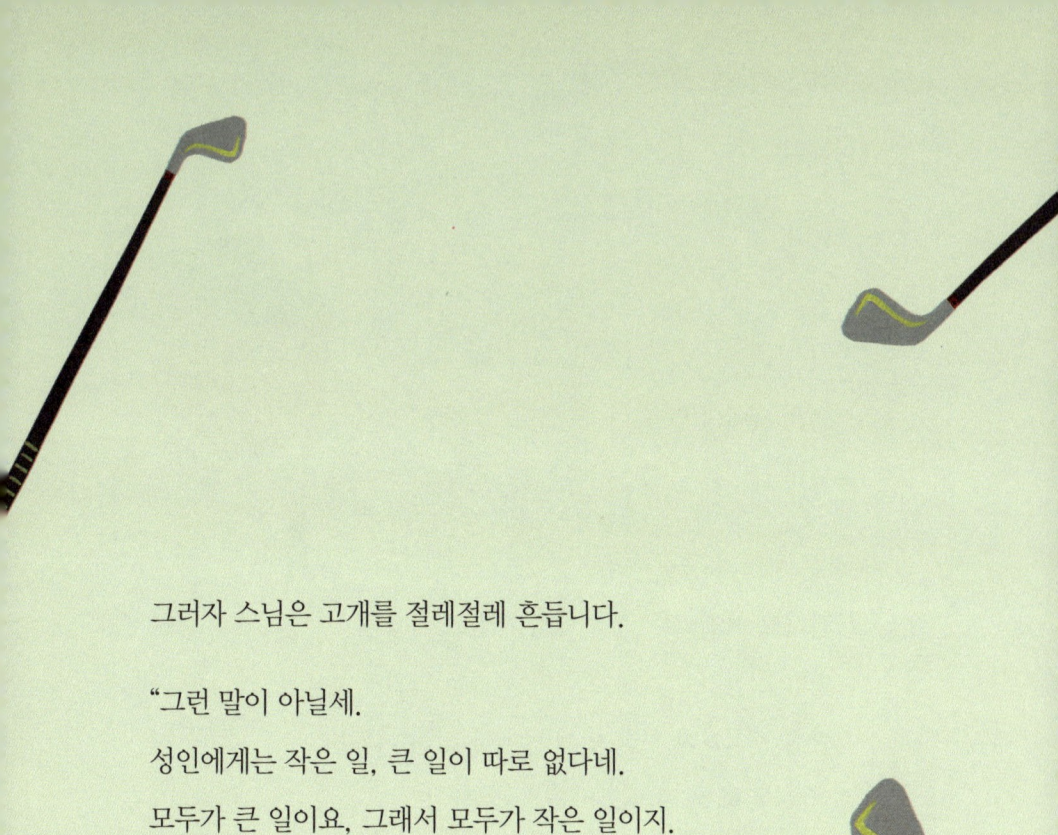

그러자 스님은 고개를 절레절레 흔듭니다.

"그런 말이 아닐세.
성인에게는 작은 일, 큰 일이 따로 없다네.
모두가 큰 일이요, 그래서 모두가 작은 일이지.
숟가락 하나도 함부로 들지 마시게.
그러면 태산이 오히려 가벼울 걸세."

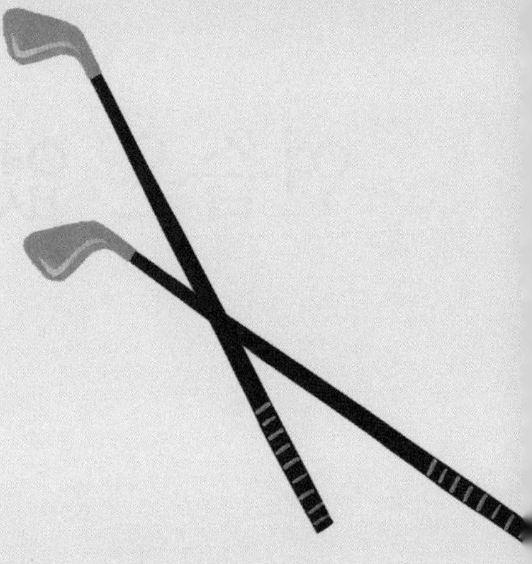

이후 사내는 모든 샷에 한결같은 마음으로 임했습니다.

아무리 쉬운 샷이라도 소홀히 하는 일이 없었습니다.

자신의 실력이 제아무리 뛰어나다 한들

언제고 실수할 수 있다는 겸손한 마음을 잃지 않았습니다.

그랬더니 오히려 겨우겨우 해내던 어려운 샷들도

이제는 모두 쉽고 뻔한 샷이 되었답니다.

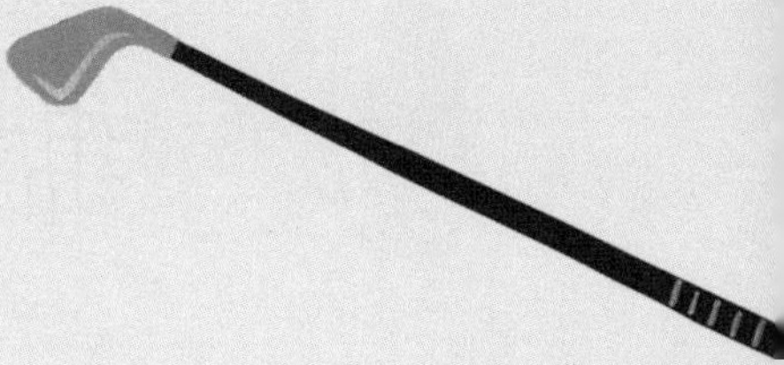

연습은 없다

한 사람이 연습장에서 쉴 틈 없이 공을 쳐내며
땀을 뻘뻘 흘리고 있었습니다.
나름 구질도 좋고 방향성도 좋아 주변 타석의 사람들이
다들 부러운 시선으로 그를 바라보았습니다.
그런데 옆 타석에서 연습을 하던 노인이
못마땅한 듯 말을 건넸습니다.

"자네 한 100타 정도 치나?"

노인의 무례한 태도에 기분이 상했지만
틀린 말은 아니었습니다.

"예, 그렇긴 합니다만 무슨 일이신가요?"

"구력은 한 6년쯤 됐겠군그래."

"어찌 그리 잘 아십니까?"

사내는 노인이 너무 자신 있게 단언하니
묻는 말에 꼬박꼬박 대답할 수밖에 없었습니다.

노인은 그러고는 볼일 다 봤다는 듯 짐을 챙겨
자리를 뜨려 하다가 중얼대듯 말했습니다.

100

"쯧쯧, 연습은 그렇게 하면 안 되는데 말이야.
연습을 위한 연습은 아무 소용이 없지.
인생에 연습이 있을 수 없듯 골프도 그러한 법이거늘……."

그러고는 사내가 되물을 겨를도 없이 휙 나가버렸습니다.
사내는 무시당한 것 같아 불쾌하기도 하고 노인의 말이 남긴
여운에 기분이 왠지 찜찜했습니다. 또 아닌 게 아니라
사내는 연습 때 실력에 비해 시합 성적이 늘 부진했습니다.
사내는 결국 어쩌면 그 노인으로부터 뭔가 답을
얻을 수 있을지도 모른다는 막연한 기대를 갖고
연습장을 다시 찾았습니다.

다행히 노인은 그날도 그곳에 있었습니다.

멀찌감치 떨어져 노인이 연습하는 것을 지켜보니

그 실력이 예사롭지가 않습니다.

많은 공을 치지는 않지만 한 샷 한 샷

정성을 다하는 모습에서 내공이 느껴졌습니다.

사내는 한참을 보다가 노인에게 다가가 말을 건넸습니다.

“어르신, 안녕하십니까?”

“아, 자네구먼. 며칠 뜸하더군.”

노인은 마치 기다렸다는 듯 반색했습니다.

“네… 그나저나 그날 제가 연습을 위한 연습을 한다고 하셨는데 그게 무슨 뜻인지요?”

노인은 잠시 뜸을 들이고는 되물었습니다.

“내 하나 묻지.
필드에 나가는 것만 골프고 연습은 골프가 아닌가?”

“물론 다 골프지요.”

“그런데 내가 보기에 자네는
골프를 잘 치기 위해 연습을 한다기보다
그저 악에 받쳐 공을 쳐내는 것 같았네.”

“전 단지 열심히 하려고 했을 뿐인데…….”

"열심히 하는 것과 제대로 하는 것은 다르지.
자네처럼 연습량을 채우는 데만 급급해 무턱대고 공을
쳐대면 실전에서는 소용이 없다네."

"사실은 실제 라운드에서는
연습 때만큼 실력이 발휘되지 않아 고민입니다."

"연습과 실전이 따로 있는 게 아니네.
모두 똑같은 골프일 뿐이지.
실전에 임하듯 연습을 하고 연습하듯 실전에 임해야 하네."

"그렇군요."

"연습은 샷을 할 때의 내 마음을 확인하는 과정일세.
실수할까 두려워하고 있지는 않은지,
상황에 맞추어 스윙 궤도를 조정하지 않고
오로지 공에만 시선을 빼앗기고 있는 것은 아닌지,
손목이나 어깨에만 힘이 잔뜩 들어가 전체적인 몸동작의
균형을 간과하고 있지는 않은지 살피는 과정이라네.
실전은 그저 그것을 점수로 확인하는 것일 따름이지."

그날 이후 사내의 연습 태도는 몰라보게 달라졌고
시합 때에도 늘 평정심을 유지해
좋은 점수를 내게 되었답니다.

무제의 보시

한 제자가 투덜거리는 모습을 보고 스승이 다가가 물었습니다.

"왜 그러느냐?"

"스승님, 저와 골프 실력이 비슷한 친구가 하나 있어
오늘 함께 라운드를 했는데 큰 점수 차이로 지고 말았습니다."

"이런 날도 있고 저런 날도 있는 법이거늘
그게 뭐 그리 화낼 일이더냐."

제자의 말을 대수롭지 않게 여긴 스승이 돌아서려 하자
제자가 다급히 다시 말했습니다.

"이번이 처음이 아닙니다. 벌써 몇 번이나 함께 라운드를 했지만 번번이 같은 결과이니 정말 답답할 노릇입니다."

"허허, 그랬구나.
실력이 비등한데 그렇다면 이는 필시 공덕의 차이일 것이니라."

"공덕의 차이라니요?"

"네가 쌓은 공덕이 친구보다 부족한 탓이란 말이다."

"하지만 아직 제 앞가림도 못하는 제가
무슨 수로 공덕을 쌓는다는 말입니까?"

"가진 것이 없어도 베풀 수 있는 방법은 얼마든지 있느니라."

"스승님, 그게 무엇입니까?"

"노인 하나가 무거운 짐을 지고 가고 있다고 치자.
네 몸뚱이로 그것을 대신 들어주어 공덕을 쌓을 수도 있고,
하다못해 그 모습을 애처롭게 여기거나
그저 따스한 눈길을 보내기만 해도 네 공덕이 쌓이느니라."

"알겠습니다."

"그뿐만이 아니다.
부드러운 미소로 누군가를 바라보거나
따뜻한 말을 건네는 것도 공덕을 쌓는 일이니라."

"네, 그렇게 하겠습니다. 제가 할 수 있는 게 더 없겠습니까?"

"또 있느니라.

자리를 양보하고 쉴 곳을 베풀어도 공덕이 쌓이느니라."

"스승님 말씀 마음에 새겨 늘 실천하겠습니다."

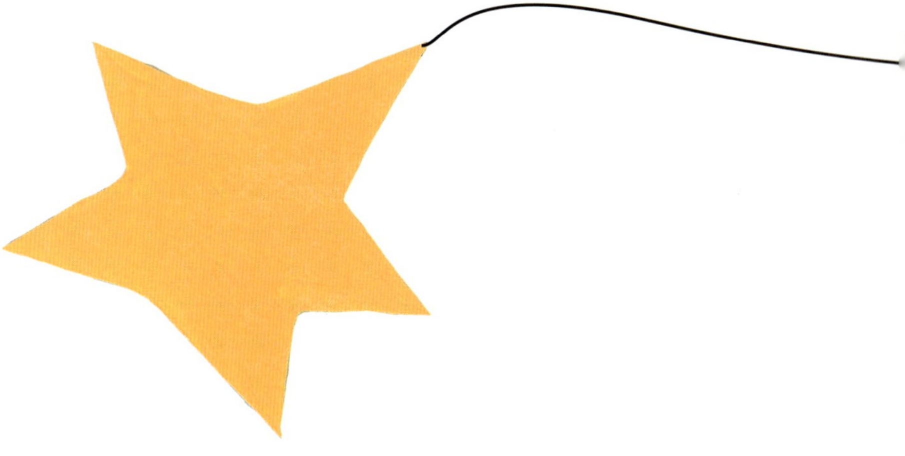

"내가 오늘 이야기한 것을 가리켜
가진 것이 없어도 공덕을 쌓는 길이라 하여
'무재(無財)의 보시(七施)'라 하느니라."

"다만 여쭙건대 이를 행하면 정말
골프 실력도 좋아지는 것인지요?"

"늘 베풀고 배려하는 마음의 여유를 가진 사람이라면
그 무엇을 해도 능히 이루어낼 수 있느니라."

눈치 채지 않도록

한 무리의 친구들이
이야기꽃을 피우고 있었습니다.
그러다 그중 하나가 근래에 있었던
묘한 경험을 이야기했습니다.

"얼마 전에 드라이버가 좀 낡은 것 같아서
새것으로 바꿔보려고 가게에 들렀더니
주인이 일단 한번 써보고 고르라며
하나를 빌려주더라고."

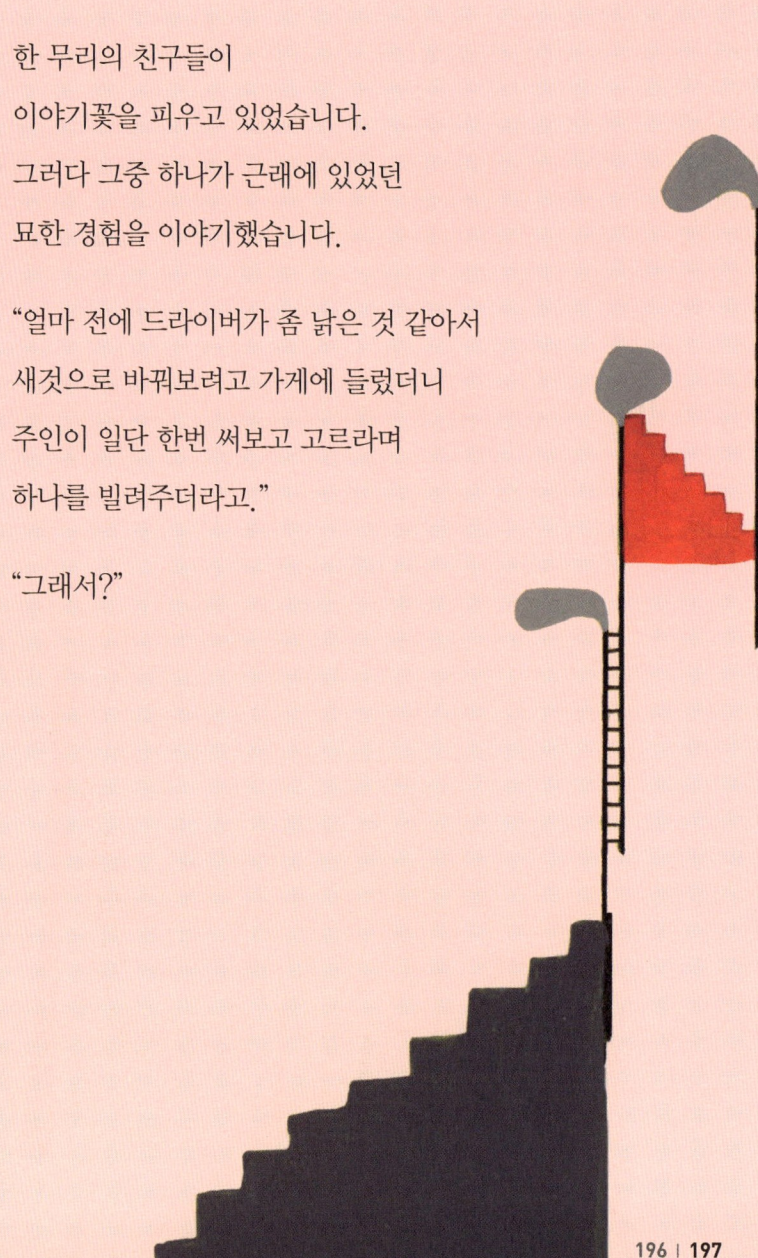

"그래서?"

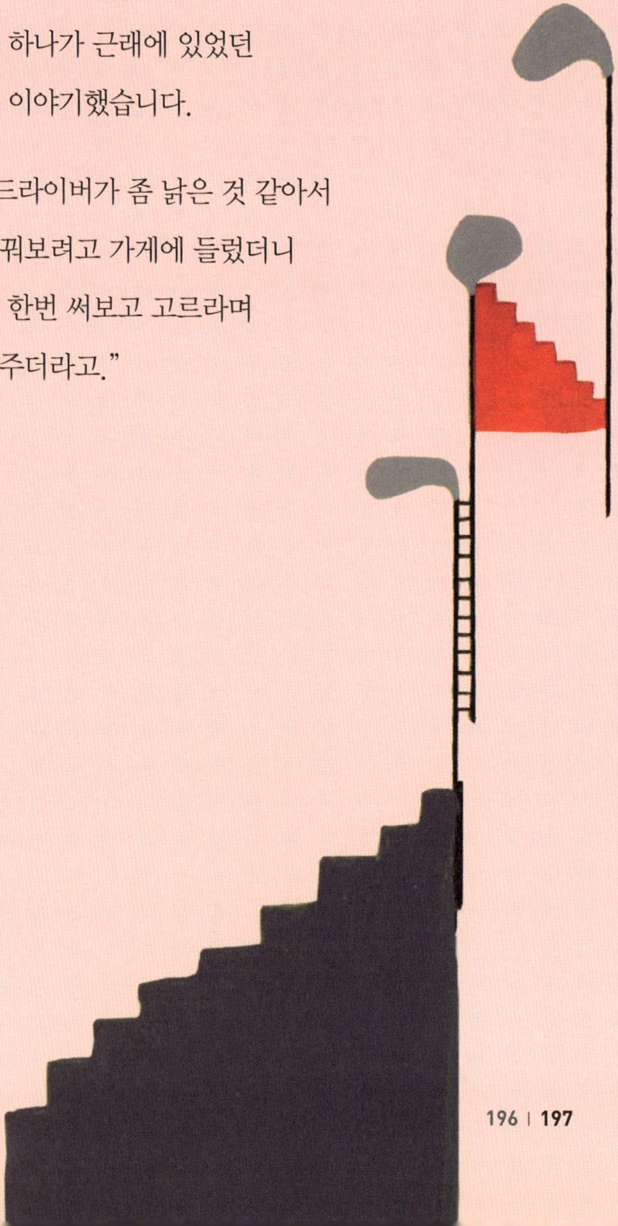

"연습장에 가서 사용해봤지. 그런데 영 신통치가 않더군.
그래서 원래 쓰던 드라이버로 다시 연습을 했는데
암만해도 예전 같은 샷이 나오질 않는 거야.
겉보기에는 분명 달라진 게 없는데도 말이야.
그래서 어쩔 수 없이 다른 새것을 하나 사기는 했는데
이것도 그리 신통치가 않고…
그래서 요즘 티샷 때문에 골머리를 앓고 있어.
아예 골프 자체가 질릴 정도라네."

친구들 중 하나가 한마디 했습니다.

“흠, 아무래도 네가 원래 쓰던 드라이버가
골이 난 모양이군그래. 잘 달래보는 수밖에 없겠어.”

“아니, 자네 그게 무슨 해괴망측한 소리인가?”

"모르는 소리 말게. 아무리 생명이 없는 미물이라도
그것을 가진 사람의 마음을 알아차리게 마련일세."

옆에 있던 따른 친구가 거들었습니다.

"아닌 게 아니라 나도 한 골프 고수에게
그 비슷한 이야기를 들은 적이 있네.
클럽을 바꾸려거든 원래 쓰던 클럽이
절대 눈치 채지 않도록 하라더군.
그리고 한 번 선택한 클럽에게는
지극정성을 다하고 말이야."

그 말을 듣고는 당장 집에 달려가
원래 쓰던 드라이버를 꺼내 보았습니다.
그 드라이버에는 나와 함께한 세월의 흔적이
고스란히 새겨져 있었습니다.
안쓰러운 마음에 그날 이후
매일같이 애지중지 손질을 했습니다.

그러기를 며칠이 지나
그 드라이버를 가지고 연습장을 찾았더니
정말 신기하게도 예전처럼
샷이 잘 되었습니다.

이후 평생 동안 그 사람은
그 드라이버뿐 아니라 자기가 가진 모든 클럽을
마치 자식 대하듯 소중히 다루며
골프를 즐겼답니다.

연습의 효용

성사를 앞두고 있던 큰 거래가
일방적으로 취소되는 바람에
몹시 화가 난 장사꾼에게
한 친구로부터 한번 보자며
전갈이 왔습니다.

내키지 않았지만
오랜만에 연락이 온 터라
며칠 후 약속을 잡아 만났습니다.

친구가 물었습니다.

"오랜만일세. 장사는 잘 되는가?"

"아이고, 요즘 같아서야 정말 죽을 맛이네그려."

"무슨 일이 있었나보군."

마음이 답답했던 장사꾼은

친구에게 자초지종을 이야기하였습니다.

"그런 일이 있었군.
기분 전환할 겸 골프 연습장이나
한번 가지 않을 텐가?"

"아니, 내가 지금 한가하게
골프나 치고 있을 여유가 있겠나?"

"모르는 소리 말게.
골프는 이럴 때
하라고 있는 걸세."

친구의 종용에 장사꾼은
마지못해 친구를
따라나섰습니다.

한참을 묵묵히 연습에 몰두하던 친구가 말을 걸어왔습니다.

“자네, 내 기억으로는 작년 이맘때쯤에도
화가 잔뜩 나는 일이 있었던 것 같은데…….”

“별걸 다 기억하는군. 그랬었지.”

“지금도 그 일로 화가 나 있나?”

“벌써 1년이나 지난 마당에 그럴 일이 뭐가 있겠나?
이제는 아무렇지도 않네.”

“거 보게나. 사람의 감정은 시간이 지나면
다 누그러지게 마련이네. 지금의 화도 나중에 돌이키면
부질없었다고 여겨질 걸세.”

"아마도 그럴 테지.
하지만 지금으로서는 나도 내 마음을 어쩔 도리가 없네."

"화는 몸뚱이를 갉아먹는 독과 같은 것.
마음속에 오래 담아두어서는 절대 안 되네.
그럼 결국 병이 생기게 마련이지.
나는 화가 날 때면 골프 연습장을 찾는다네."

"화가 잔뜩 나 있는데 골프가 어디 제대로 되겠는가?"

"홧김에 골프를 치라는 말이 아니라네.
골프를 치면서 스스로를 들여다보고 달래는 걸세.
화는 섭섭함, 경쟁심, 자존심, 욕심, 열등감 같은
여러 마음이 모여 생기는 게지.
공마다 그 마음을 하나씩 담아 쳐 날려버리게.

'헛된 기대야, 가라!
욕심도 가고, 배신감도 열등감도 모두 떠나가라!'
이렇게 외치며 말일세."

장사꾼은 쑥스러웠지만 답답한 마음에
친구의 말대로 해보았습니다.
처음에는 기어들어가던 목소리가
점점 커졌습니다.

1

한참을 그렇게 하다보니
정말 마음이 뻥 뚫린 듯 시원해졌습니다.
거래를 취소한 사람이 그토록 미웠건만
이제 용서할 수 있을 것도 같았습니다.

'그래, 그 사람도 나름 사정이 있었겠지.'

언제 그랬냐는 듯 화는 온데간데없고 절로 힘이 났습니다.
그렇게 골프의 진정한 효용을 깨달은 장사꾼은
이후 화가 나거나 기분이 언짢을 때면
늘 골프 연습장으로 달려갔답니다.

말의 권능

골프를 잘 가르치기로 소문난 스승이 있었습니다.
그런데 그 스승은 마음을 달래는 따뜻한 이야기들을 해줄 뿐
잘못된 점을 지적하거나 시범을 보이는 일이 없었습니다.

어느 날 그 모습을 구경하던 한 사내가
스승에게 시비를 걸었습니다.

"내 참 기가 막혀서,
그 따위 이야기들이 무슨 도움이 된다는 말이오?
유능한 스승이라더니 다 헛소문이었구먼."

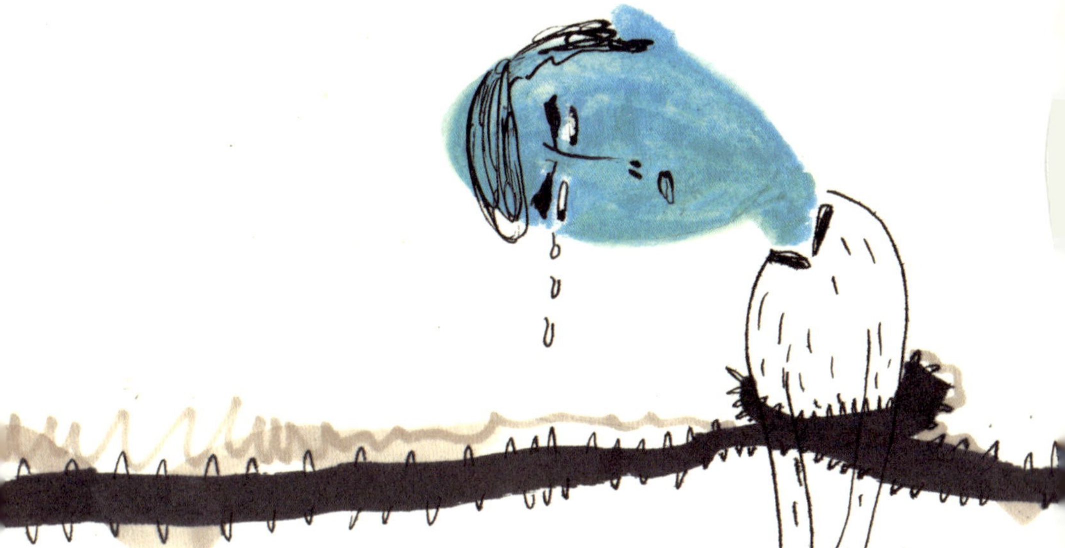

그 말을 들은 스승은 버럭 화를 냈습니다.

“무식한 놈, 네가 뭘 안다고 까불어!
모르면 잠자코 있을 일이지.”

스승이 뜻밖의 반응을 보이자 분위기가 험악해졌습니다.

“아니, 지금 뭐라고 했소?”

구경꾼은 팔뚝을 걷어붙이고
당장이라도 덤벼들 기세로 대꾸했습니다.

그러자 스승은 언제 그랬느냐는 듯
부드러운 얼굴로 다시 말했습니다.

"한마디 말이 이처럼
자네를 흥분과 분노로 몰아넣는데
마음을 덥혀주는 훈훈한 이야기가
어찌 치유의 권능이 없겠는가?"

그러자 구경꾼은 겸연스러운 듯 머리를 긁적이며
사람들 사이로 멀리 사라졌다고 합니다.

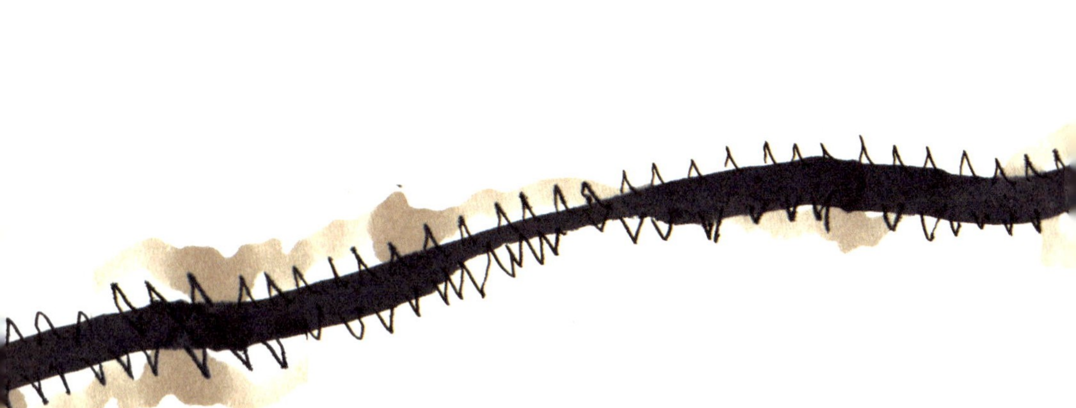

기도

형과 아우가 오랜만에 함께 골프를 쳤습니다.
그런데 아우의 실력이 몇 달 만에 부쩍 늘어 있었습니다.
예전에는 잘 치다가도 오비가 한 번 나면
마음이 흐트러져 나머지 라운드는 엉망이 되곤 했는데
그날은 사소한 실수에 연연하지 않고 여유로워 보였습니다.
그런데 형이 가만히 보니 아우는 오비가 날 때마다
몰래 품속에서 종이 한 장을 꺼내 거기 적힌 것을
중얼중얼 읽었습니다.

"아우야, 너 뭘 그리 중얼대느냐?"

"별거 아니에요. 신경 쓰지 마세요."

그런데 이후로도
아우가 몇 번이나 그러자
형은 참다못해 다시 물었습니다.

"참 궁금하구나.
도대체 무슨 말을 계속 되뇌는 거냐?"

그제야 아우는 고백하듯
이야기했습니다.

"한동안 오비가 하도 많이 나서

마음을 다스리기 위해

기도문을 하나 만들었어요.

이걸 읽었더니

정말 마음이 많이 다스려지고

스윙도 편해졌어요."

"그래? 어디 한번 보자."

아우가 수줍어하며 꺼낸 기도문에는

이렇게 적혀 있었습니다.

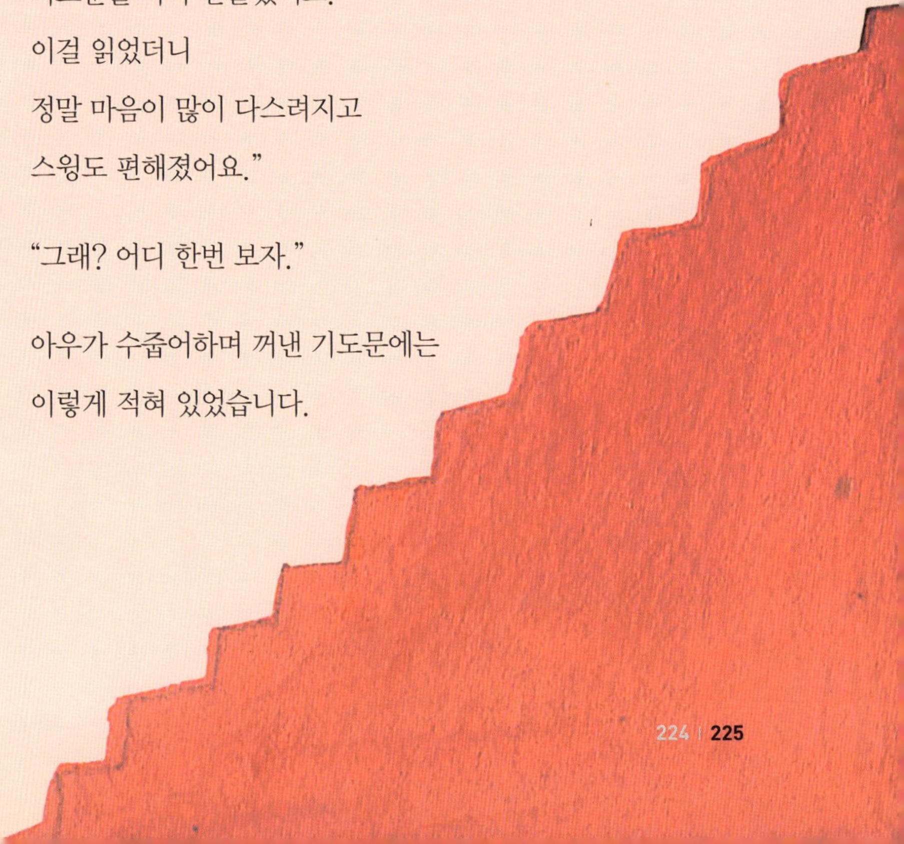

오비가 낫을 때의 기도

오비가 낫습니다.

감사합니다.

감사합니다.

감사합니다.

노력에 비해 더 좋은 샷을 원하는 욕심을
알아차리게 해주셔서 감사합니다.

매 타에 집중하지 않고 적당히 치려 하는
안일함을 알아차리게 해주셔서 감사합니다.

스스로를 믿지 않고 실수하지는 않을까 의심하는 마음을
알아차리게 해주셔서 감사합니다.

형은 어려움을 기회로 삼으려는 긍정적 태도가 깃든
그 기도문을 보니 아우가 기특하고 대견했습니다.
그런데 아우의 품에는
그 기도문 말고도 한 장의 종이가 더 있었습니다.

"그건 또 뭐냐?"

"라운드를 시작하기 전에 읽는 기도문이에요."

그 기도문에는 이렇게 적혀 있었습니다.

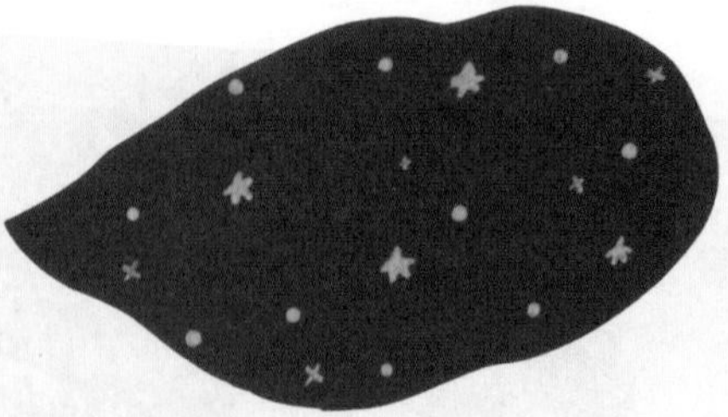

라운드를 위한 기도

천지신명이시여,

보잘것없는 한 인간이 이제 막

당신의 드넓은 품속으로 들어가려 합니다.

부디 어여삐 여기시어

무사히 라운드를 마칠 수 있도록

보살펴주십시오.

라운드 하는 내내

혹여 제가 노력 이상의 성과를 기대하거나

그때그때의 샷이나 점수에 연연해

스스로를 괴롭히지는 않는지

단속해주십시오.

과거의 실패나 미래에 대한 불안에 휘둘리지 않고
바로 지금 이 순간 한 샷 한 샷에 집중하며
혼신의 노력을 다하고자 합니다.
갑작스런 고난에 주저앉지 않고
우연한 행운에 교만해지지 않도록 보살펴주십시오.

골프는 혼자 하는 운동이 아님을 잘 알고 있습니다.
나보다 상대를 더 배려하는 마음을
잃지 않도록 해주시고 골프가 그저 골프로 끝나지 않고
골프를 통해 얻은 깨달음들이
일상의 삶에서 꽃필 수 있도록 허락해주십시오.

감사합니다.

아우의 기도문에 큰 감명을 받은 형도
나름의 기도문을 만들어 늘 품에 지니고 다녔고
이로써 더 높은 골프의 경지에 오르게 되었다고 합니다.

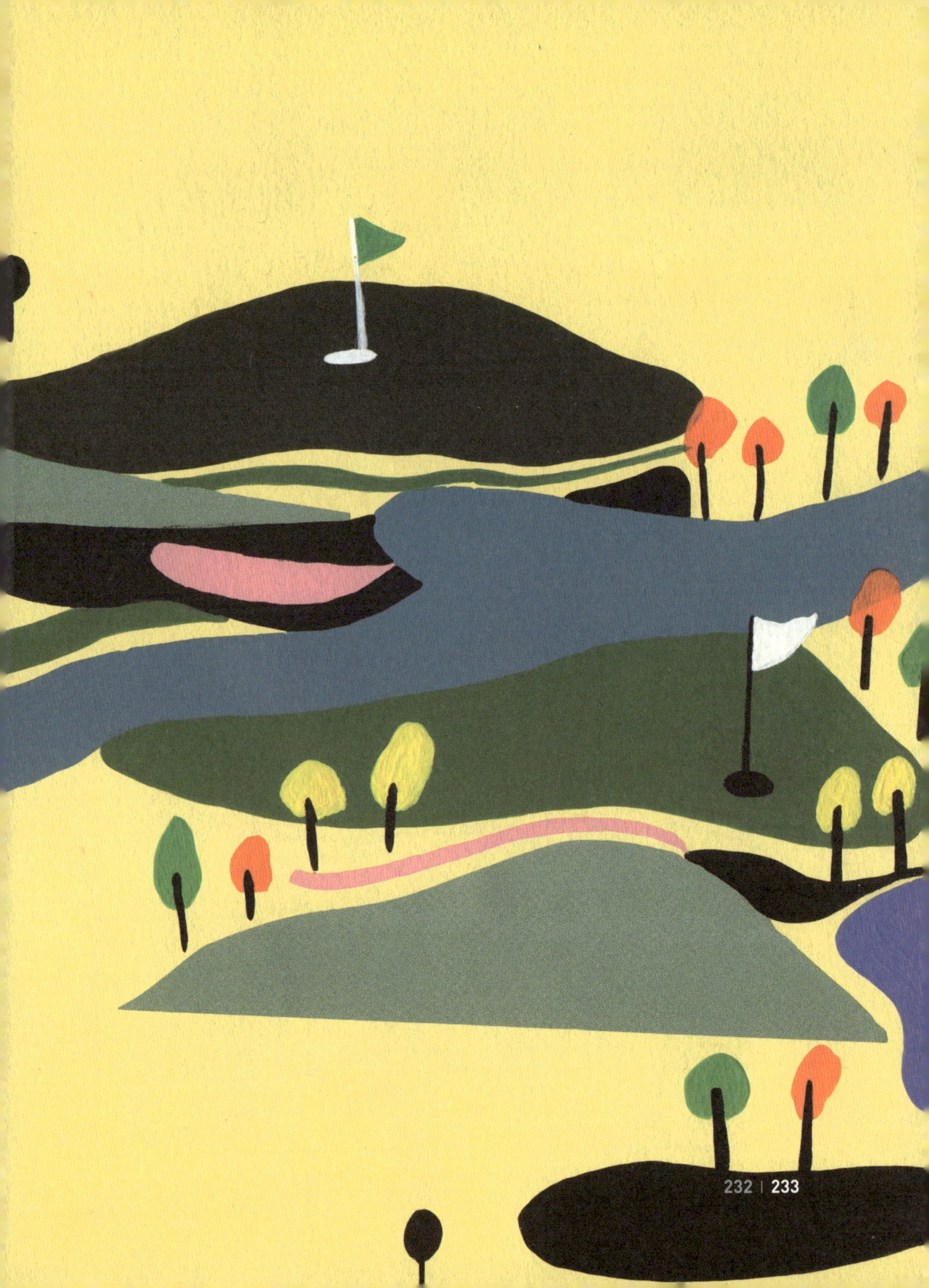

오비의 급수

수완 좋기로 소문난 돈놀이꾼이 하나 있었습니다.
그는 주로 큰 상회를 운영하는 주인들에게 돈을 빌려주었는데
단 한 번도 돈을 떼이거나 하는 일이 없었고 그가 돈을 빌려준
상회들은 하나같이 장사가 번창했습니다.
그가 하루는 돈놀이꾼 친구들과 골프를 치다
자기가 전도유망한 상회 주인을 가려내는
비결을 털어놓았습니다.
그 비결은 그들과 함께 골프를 치면서
오비를 몇 번이나 내는지
살피는 것이라고 했습니다.
친구들이 의아해 물었습니다.

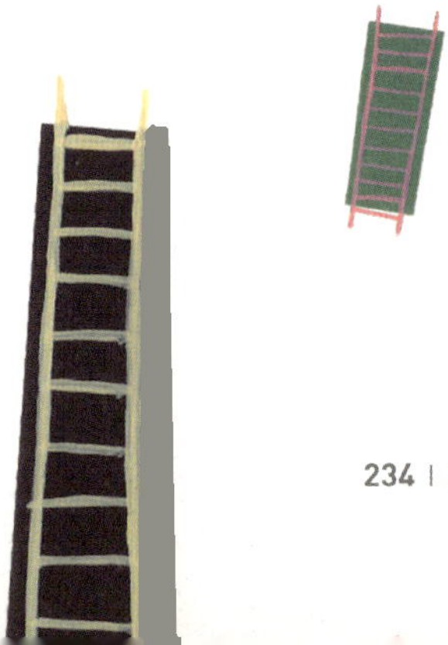

"아니, 오비를 내고 싶어서 내는 사람이 어디 있나?
어찌 그것을 보고 사람의 장래를 점칠 수 있다는 말인가?"

"물론 오비는 실력과 운의 문제이기도 하지만
첫 번째 오비를 낸 이후에
어떻게 대처하는지 유심히 관찰하면
그 사람의 됨됨이를 알 수 있다네.

누구나 한번쯤 오비를 낼 수 있지.
몸이 덜 풀렸거나 집중이 흐트러진 탓이겠지.
다음번 드라이버 샷을 잘 봐야 하네.
다음에도 또 오비를 내면 그는 신중하지 못한 사람이야.
슬라이스나 훅이 난다고 모두 오비가 되는 것은 아니지.
첫 번째 오비로 그날 자신의 구질을 파악하고 그에
맞추어 조준을 하면 얼마든지 페어웨이로 공을 올릴 수 있네.
한 번 실수를 하고도 아무 깨달음을 얻지 못하고 실수를
반복하는 사람이 어찌 사업을 잘 할 수 있겠나?"

"아무렴, 그렇지."

"그러고도 세 번째 오비를 낸다면
그는 게으른 사람이야.
이는 스윙 궤도가 안정되지 않다는 것이고
스윙 자세를 가다듬으려는 노력이 부족했단 이야기지.
아니면 애초에 골프를 만만하게 생각한 게지.
그런 사람은 사업할 때도 의욕만 앞서고
준비가 부족하게 마련일세."

"흠, 일리가 있네."

"네 번째 오비를 낸다면 그는 기지가 부족한 사람이야.
연습이 부족하건 운이 따르지 않건 간에
클럽을 바꾸어보거나 하는 식의 임기응변으로 대처하면
네 번씩이나 오비가 나지는 않는다네.
그런 사람은 작은 위기에도 무너질 수 있다네."

"과연 그렇겠군."

"또 나섯 번째 오비를 낸다면 그런 사람은 말할 가치조차 없네.
적지 않은 돈을 내고 필드에 나오면서
아무런 준비도 하지 않았다는 거니까 말이야.
그렇게 돈을 허투루 쓰는 사람을 어찌 믿고 돈을 빌려주겠나?"

그날 이 이야기를 들은 친구들은 그 비결을 본받아

훗날 골프도 사업도 크게 번창했답니다.

나오는 말

제가 생각하는 골프의 모습을 우화의 형식을 빌려 그려보았습니다.
그 모습이 동그라미라면 이와 다르게 생각하는 사람도 많습니다.
네모다 세모다 의견이 분분합니다.

괜찮습니다.

그중 무엇이 골프의 본질에 더 가까운지가 죽고 사는 문제도 아니고
또 반드시 어떠해야 한다는 정답이 있는 것도 아닙니다.
하지만 자기 마음속에 있는 골프의 그림에 따라
샷이 거칠어지기도, 부드러워지기도 합니다.

마음가짐에 따라 골프는 짐이 되기도 하고 좋은 친구가 되기도 합니다.

생계를 위해 골프를 치는 사람의 골프와
취미로 골프를 치는 사람의 골프가 같을 수 없고,

골프를 손수건 정도로 대수롭지 않게 여기는 사람의 골프와
골프를 명품 가방만큼이나 소중하게 대하는 사람의 골프가
같을 수 없습니다.

골프가 본래 무엇이고,
지금 내 삶에서 어떤 의미를 지니는지 돌이켰을 때
처음 골프를 칠 때 가졌던 목적과 의미로부터 멀리 벗어나 있다면
그 이유를 자신에게 분명하게 설명할 수 있어야 합니다.

스윙을 교정하는 것은 그 다음의 일입니다.

오늘도
골프와 더불어
행복하세요.

이경아 일러스트 이 책의 그림을 그리기 위해 스파르타식 골프 수업을 받으며 하루 두 시간씩 스윙 연습을 하다 보니 내가 그림 작가인지 골프 선수 지망생인지 정체성에 혼란이 오기도 했지만 이제는 골프 이야기를 안주 삼아 맛있는 대화를 즐길 수 있을 것도 같다. 덕분에 나는 요즘 이런 말로 건방을 떤다. "Shall We Golf?" hhakdong@gmail.com

조혜주 일러스트 프리랜서 일러스트레이터로 활동 중이며 좋은 그림을 그리고 싶다는 생각을 하고 살아가고 있다. 이번 작업을 계기로 골프를 배우면서 그 매력에 흠뻑 빠져 진정 즐거운 마음으로 그림을 그렸다. hyejuju@hanmail.net

골프내공

초판 1쇄 발행 2010년 4월 5일
초판 4쇄 발행 2011년 6월 7일

지은이 김헌
펴낸이 김선식

Design Creator 김태수
Marketing Creator 이주화

1st Creative Story Dept. 신현숙, 양지숙, 이정, 송은경
Creative Design Dept. 최부돈, 황정민, 김태수, 손은숙
Creative Management Team 김성자, 김미현, 김유미, 정연주, 권송이, 서여주
Creative Marketing Dept. 모계영, 이주화, 김하늘, 정태준, 신문수
Communication Team 서선행, 김선준, 박혜원, 전아름
Contents Rights Team 이정순, 김미영
Outsourcing 일러스트 이경아 · 조혜주, 디자인 디자인루소 www.designlooso.com

펴낸곳 (주)다산북스
주소 서울시 마포구 서교동 395-27번지
전화 02-702-1724(기획편집) 02-703-1725(마케팅) 02-704-1724(경영지원)
팩스 02-703-2219
이메일 dasanbooks@hanmail.net
홈페이지 www.dasanbooks.com
출판등록 2005년 12월 23일 제313-2005-00277호

필름 출력 스크린그래픽센타
종이 월드페이퍼(주)
인쇄 (주)현문
제본 광성문화사

ISBN 978-89-6370-142-4 03320